ALAIN BOUCHARD

MAX
GROS-LOUIS

LE CORBEAU
DE WENDAKE

LES ÉDITIONS **LA PRESSE**

Catalogage avant publication de Bibliothèque et Archives nationales du Québec et Bibliothèque et Archives Canada

Bouchard, Alain, 1946-
Max Gros-Louis : Le corbeau de Wendake
Comprend des réf. bibliogr.
ISBN 978-2-89705-037-5

1. Gros-Louis, Max Oné-Onti, 1931- . 2. Indiens d'Amérique - Droits - Québec (Province). 3. Hurons - Québec (Province) - Chefs - Biographies. 4. Indiens d'Amérique - Québec (Province) - Biographies. I. Gros-Louis, Max Oné-Onti, 1931- . II. Titre. III. Titre: Corbeau de Wendake.

E99.H9G76 2012   971.400497555   C2012-940307-5

Directrice de l'édition
Martine Pelletier

Éditeur délégué
Yves Bellefleur

Révision
Michèle Jean

Conception de la couverture
Pascal Simard

Mise en page
Cyclone Design Communications

Photo de la page couverture
Francis Vachon

Crédits photographiques
Archives personnelles et familiales
de Max Gros-Louis
(sauf indications contraires)

LES ÉDITIONS **LA PRESSE**

Présidente
Caroline Jamet

Les Éditions La Presse
7, rue Saint-Jacques
Montréal (Québec)
H2Y 1K

L'éditeur bénéficie du soutien de la Société de développement des entreprises culturelles du Québec (SODEC) pour son programme d'édition et pour ses activités de promotion.

L'éditeur remercie le gouvernement du Québec de l'aide financière accordée à l'édition de cet ouvrage par l'entremise du Programme d'impôt pour l'édition de livres, administré par la SODEC.

Nous reconnaissons l'aide financière du gouvernement du Canada par l'entremise du Fonds du livre du Canada (FLC).

Dépôt légal – 3e trimestre 2012
ISBN 978-2-89705-037-5
Imprimé au Canada

À mes petites-filles franco-québécoises :
Rose, qui rêve de devenir une Indienne
quand elle sera grande,
et sa jumelle Jeanne,
qui se contenterait d'être une princesse.

REMERCIEMENTS

À ma conjointe Michèle, pour son soutien indéfectible.

À Yves Bellefleur, des Éditions La Presse, pour sa main de fer dans un... gant de fer.

TABLE DES MATIÈRES

LE RENARD ET LE CORBEAU

Il m'est arrivé d'attendre Max Gros-Louis deux heures dans sa cuisine en compagnie de sa conjointe, après avoir pourtant pris un rendez-vous ferme avec lui. « J'étais pas loin, j'étais chez mon fils Kino, plaidait-il. Vous aviez juste à venir me chercher, c't'affaire ! »

Rien n'est jamais bien loin dans le Vieux-Wendake. Et surtout pas pour l'imposant Magella Gros-Louis, qui trône encore à sa façon sur la réserve malgré qu'il ne soit plus grand chef depuis 2008. Non seulement est-il reconnaissable à 100 m, mais tout le monde connaît ses habitudes, sait où il va, par où il passe, où il se tient, s'il est au village ou non. Il est une sorte de totem humain, une sorte de symbole impérial, en même temps qu'il peut être un joyeux luron capable de faire rire le plus austère des ascètes.

Il peut aussi rire de lui-même, ou de son personnage, ce qui finit par le rendre sympathique même dans ses attitudes les plus entêtées. Il s'exclamera par exemple : « Même quand il a tort, Max Gros-Louis a raison... de se tromper ! »

Dans les grandes réunions mondaines, les cérémonies protocolaires, tout comme dans les grandes fêtes populaires, Max Gros-Louis finit toujours par se retrouver au centre d'un attroupement de « monde important » venu le saluer, le vénérer presque. Ça le flatte toujours. Quel homme public ne serait pas flatté d'une telle attention ? Mais il sait en même temps décanter ces révérences, notamment avec ce délicieux patois bien à lui : *Tiguidou M'am Paquette !* Sûr de son effet, il aime en effet lancer de temps en temps : « Amenez-en des ministres, des députés, des joueurs de hockey, *tiguidou M'am Paquette !* »

Il y a un garnement espiègle caché au fond du géant Max Gros-Louis. Il peut prendre son ton le plus autoritaire et même le plus cassant pour se sortir d'une situation un peu embarrassante et s'en amuser follement, en adressant un clin d'œil à un témoin de la scène. Il a cet air de dire : « Regarde-moi bien régler son cas à ce type ! » Il peut parfois intimider et s'en amuser comme un fou. Après tout, n'est-il pas un corbeau ?

Max Gros-Louis parle tout le temps. Et si son interlocuteur a le malheur de l'interrompre pour poser une question ou rectifier quelque chose, il lui lancera sur un ton sans équivoque : « Écoute quand je te parle ! »

C'est probablement Kino, son plus jeune fils, qui s'amuse le plus du personnage de son père, même en sa présence. « Mon père a toujours raison, il sait tout et est propriétaire de tout, dit-il un tantinet moqueur. Personne ne va le changer. N'est-ce pas, grand chef ? »

Et personne ne lui demande de changer, à vrai dire. Max Gros-Louis ne serait pas Max Gros-Louis sans sa verve, sa grandiloquence, son impétuosité et sans ses effets de plumes.

L'ancien maire de Québec, Jean-Paul L'Allier, dit de Max Gros-Louis qu'il est « conscient de son image, entre guillemets un peu folklorique », mais qu'elle « constitue en même temps sa fierté ». Comme bien d'autres, M. L'Allier pouvait rire un bon coup avec le grand chef huron-wendat. Mais il le prenait toujours au sérieux.

L'anthropologue québécois Serge Bouchard donne totalement raison à l'ex-politicien. « Ceux qui ont voulu réduire Max Gros-Louis au statut d'amuseur public ont eu grand tort de le faire, dit-il. Il a été beaucoup plus que ça. Tout comme le chef mohawk Andrew Delisle et le chef innu Aurélien Gill. »

Il n'y a rien de petit, chez Max Gros-Louis. Et c'est ce qui le rend absolument fascinant, parfois même pour ses adversaires. Tout est immense. Sa taille. Sa corpulence. Son âge avancé. Son charisme. Ses batailles, politiques ou autres. Ses exploits de chasse et de pêche. Sa « folie » du hockey et des courses de chiens. Sa passion des femmes. Ses astuces. Ses déveines. Sa rancune. Son intransigeance. Et peut-être surtout sa cour d'admirateurs, malgré tout. S'il a besoin d'être reconnu là où il passe, la réciproque est encore plus excitante pour ceux que reconnaît Max Gros-Louis. Il aime être photographié avec les célébrités. Mais il a rarement besoin de prendre l'initiative.

Max Gros-Louis est un redoutable interlocuteur. Il finit presque toujours par arranger la vérité de manière à avoir le dernier mot, ou du moins à en donner l'impression. Si, par exemple, je lui signale qu'il ne m'a pas parlé de telle ou telle chose, même après des heures et des heures d'entretien, il répond : « Tu ne me l'as pas demandé. »

Ce « tu », cependant, est survenu assez tardivement dans notre relation. M. Gros-Louis vouvoie beaucoup plus qu'il ne tutoie, même si un peu tout le monde l'appelle Max.

J'ai dû me faire un peu renard pour faire parler le corbeau. Mais il ne lâchait jamais facilement son fromage...

CHAPITRE I

LE REBELLE

ONÉ-ONTI, LE JEUNE ET FOUGUEUX CORBEAU
DE WENDAKE, ASSÈNE UN COUP DE POING
EN PLEIN VISAGE DU FRÈRE LUDGER. L'ÉDUCATEUR
DE 36 ANS S'ÉTEND DE TOUT SON LONG SUR LE PLANCHER
D'UN CORRIDOR DU COLLÈGE SAINT-JOSEPH,
À LORETTEVILLE, EN BANLIEUE DE QUÉBEC.

ONÉ-ONTI A SEULEMENT 17 ANS. Mais il mène déjà le combat de sa vie, celui de la reconnaissance des droits des Premières Nations du Québec et du Canada. Et celui aussi de la réparation des injustices séculaires qu'elles ont subies.

C'est la première fois qu'il frappe un adulte, religieux et enseignant de surcroît. Mais ce n'est pas la première fois qu'il frappe quelqu'un qui le traite de « sauvage ». Il s'est déjà fait la main sur les élèves blancs du collège ayant osé prononcer ce mot en sa présence. Il ne laissera plus jamais quelqu'un parler des « sauvages ». Il ne laissera plus jamais quelqu'un traiter les Amérindiens de fainéants sociaux et économiques. Il ne laissera plus jamais non plus quelqu'un empiéter sur les droits ancestraux des Amérindiens.

Max Gros-Louis avait entrepris sa rébellion contre le traitement réservé aux Autochtones dès l'âge de 12 ans, en abattant un orignal dans des circonstances proscrites par la Loi de la chasse et de la pêche du gouvernement du Québec. Cette loi n'est pas la sienne, décrète-t-il alors. Et elle ne le sera jamais.

Lorsqu'il s'en prend au frère Ludger, Oné-Onti subit depuis déjà longtemps le discours scolaire du méchant sauvage. « À l'âge de six ou sept ans, à l'école de la réserve, raconte-t-il, j'ai eu une sœur enseignante qui s'est présentée devant la classe en retroussant ses manches et en nous disant : *Je n'ai pas peur des sauvages !* Elle s'appelait sœur Saint-Jean-de-Matha. On l'écoutait et on avait peur. »

L'école de la réserve huronne de Wendake est dirigée par les Sœurs de Notre-Dame du Perpétuel Secours, qui dispensent la totalité de l'enseignement. Elles racontent aux petits Hurons apeurés que leurs ancêtres étaient des sauvages qui ne connaissaient pas le bon Dieu et qui adoraient le soleil, comme il est écrit dans les livres d'histoire de l'époque.

« Jacques Cartier et Samuel de Champlain ont tenté d'instruire vos ancêtres, disent les religieuses. Mais ceux-ci étaient trop ignorants pour comprendre la foi. Le roi de France leur a alors envoyé des prêtres missionnaires pour les convertir. Mais vos ancêtres ont torturé et tué ces missionnaires, qui sont devenus nos saints martyrs canadiens[1]. »

Les religieuses exhortent les jeunes Hurons-Wendats à demander pardon au bon Dieu pour les péchés de leurs ancêtres. Elles les invitent à lui rendre grâce pour leur avoir donné, à eux, la foi catholique et pour les avoir extirpés des mains du démon et débarrassés de l'idolâtrie, du mensonge, du vol, de la guerre et du cannibalisme.

« Au début, dit Oné-Onti, on croyait les religieuses, même si je savais que mes parents et que mes grands-parents n'étaient pas comme ça. J'étais écoeuré d'entendre ce discours. Mais pour nos parents, les sœurs et les prêtres, c'était sacré. Celui qui mange du curé en meurt, répétait ma mère.

« J'ai commencé à me réveiller pour vrai quand j'ai vu dans un livre l'image du père Lalemant attaché à un poteau avec un collier de têtes de hache brûlantes autour du cou. Je me

---

1 La version officielle de l'histoire du Canada écrite par les Européens dit que le père Gabriel Lalemant et sept autres Jésuites ont été tués par les Iroquois, nation de la même famille que les Hurons, ce qui les a sacrés saints martyrs canadiens de la religion catholique.

suis dit simplement : où est-ce que les Hurons du temps ont pu trouver le fer pour fabriquer des haches ? Tout ça ne tenait pas debout. »

Oné-Onti a reçu un jour en cadeau une statue des saints martyrs canadiens. Et il la conserve précieusement dans sa demeure pour en faire un usage très particulier. « Il m'arrive de l'apporter avec moi quand je donne des conférences, dit-il. Je la montre à mes auditeurs catholiques et je leur dis : "Vous n'auriez personne à prier si vous n'aviez pas vos saints martyrs canadiens !" » L'ironie, l'absurde et la dérision sont pour lui d'extraordinaires outils de dénonciation.

Oné-Onti passe au collège Saint-Joseph, en sixième année. L'institution est l'une des nombreuses maisons d'enseignement des Frères des écoles chrétiennes au Québec et ailleurs dans le monde. Situé rue Racine, l'artère principale de Loretteville, le collège accueille environ 200 élèves de la sixième à la 10e année. C'est un établissement fort bien coté, de haut niveau scolaire. Il n'est pas rare que des élèves venus d'ailleurs y soient déclassés d'une année.

À 17 ans, Magella Gros-Louis devrait normalement être plus avancé que la huitième année. Mais son père a souvent retiré ses deux fils aînés de l'école primaire, au moment des saisons de la chasse, de la pêche ou du trappage, de sorte qu'ils ont pris du retard dans leur progression scolaire. Les religieuses de la congrégation de Notre-Dame du Perpétuel Secours s'en désolaient chaque fois. Mais elles n'y pouvaient rien.

Le Québec vit alors une époque où la formation scolaire relève presque entièrement des communautés religieuses, qu'elles soient masculines ou féminines. Les Frères des écoles chrétiennes partagent la tâche et le territoire avec les pères Jésuites, les pères Eudistes, les pères Rédemptoristes, les pères et les Frères Maristes, les Frères de l'Instruction chrétienne, les Sœurs du Bon-Pasteur, les Sœurs du Bon-Conseil, les religieuses de Jésus-Marie, les religieuses Ursulines, etc.

La pratique religieuse est omniprésente dans le collège. Les élèves confessent leurs péchés à l'oreille d'un prêtre. Ils assistent à la messe et aux vêpres du dimanche soir. Magella Gros-Louis, qui sera surnommé Max[2] plus tard, en est pour sa part exempté parce qu'il pompe l'air de l'orgue dont joue une « vieille fille » célèbre de la réserve, madame Émilienne.

Les jeunes Hurons, comme les plus vieux d'ailleurs, auraient pu rejeter cette religion propagée par ceux-là même qui traitaient leurs ancêtres de barbares. « Mais nous séparions notre croyance en Dieu des prêtres qui la prêchaient », explique Magella Gros-Louis.

Le frère Ludger, que frappe le Huron de 17 ans, est le nom religieux d'Alphonse Champagne. Lors de l'épisode du coup de poing, il est le professeur de neuvième année, tandis que Magella Gros-Louis est en huitième. Le jeune Huron-Wendat a affaire au frère Ludger parce que ce dernier est le responsable de la discipline de l'établissement en dehors des heures de classe.

---

2 Oné-Onti, qui veut dire « bon pagayeur », est le nom huron-wendat de Magella Gros-Louis. Magella deviendra plus tard Max, héritage de son incursion dans la boxe professionnelle où il sera appelé « Kid Max ». Le surnom lui colle à la peau depuis. « Si quelqu'un m'appelle Magella, dit-il, c'est qu'il est membre de la famille ou une très vieille connaissance. »

Ce jour de juin 1947, un groupe d'élèves du collège sont alignés en silence dans le corridor qui mène à la chapelle avant d'entrer y prier comme d'habitude, raconte Max Gros-Louis. Un camarade blanc échappe un retentissant gaz qui jure étrangement avec le silence religieux imposé par le frère Ludger. Pour le responsable de la discipline, Magella Gros-Louis, souvent turbulent et dissipé, est le coupable tout désigné. Le frère Ludger lui reproche immédiatement le geste. L'adolescent a beau nier avec vigueur, l'autre le réprimande vertement avant de conduire son groupe à la prière. Au sortir de la chapelle, le religieux revient à la charge. Il traite le Huron de menteur, de fourbe, de grossier, d'hypocrite et de « maudit sauvage » devant tous ses camarades, dit Magella Gros-Louis.

Ce dernier croyait pourtant en avoir déjà assez d'entendre son professeur, le frère Cléophas, parler des sauvages du Canada, ces barbares qui ont scalpé et torturé les Français débarqués au pays, les bons pères Jésuites au premier chef, ces religieux venus évangéliser les Autochtones pour leur permettre de connaître Dieu et le salut éternel. C'est dans cette veine que le frère Cléophas s'adresse à ses élèves de huitième année du collège Saint-Joseph. Exactement comme le font de nombreux autres enseignants, tout autant civils que religieux, dans les écoles du Québec et du Canada.

Ils n'inventent pas *leur vérité*. Ils la puisent dans les livres d'histoire officielle de l'époque, écrite entièrement par des Blancs européens, les pères Jésuites en tête. Dans ces livres d'histoire, les Blancs sont les bons et les Indiens les méchants. Les Peaux-Rouges sont les bourreaux et les Visages pâles les victimes. Quand les « sauvages » gagnent une bataille, c'est un massacre. Quand ce sont les Anglais ou les Français qui l'emportent, c'est une victoire. Peu importe le nombre de morts.

« Cou'donc, ils sont en train de parler de nous autres ! » s'indigne Magella Gros-Louis dans son for intérieur, chaque fois qu'il entend ou lit cette version de l'histoire. C'est-à-dire très souvent, et trop souvent à son goût. Chaque fois, aussi, il se remémore son premier jour au collège. Parce qu'il avait osé parler à un camarade dans les toilettes, un frère lui avait cogné la tête contre un urinoir en hurlant : « Tu n'es pas dans ta réserve, ici ! »

« Les religieux du collège n'aimaient vraiment pas les Hurons, dit Max Gros-Louis. Le frère Ludger particulièrement. Par exemple, ils faisaient tirer au sort une piastre chaque mois entre les élèves. Mais nous étions exclus du tirage sous prétexte que le gouvernement payait nos études. La discrimination prenait toutes sortes de formes. »

Lors d'une partie de ballon-pied — une sorte d'adaptation du soccer — disputée dans la cour de récréation du collège avant l'épisode du coup de poing, le même frère Ludger avait rudoyé Jean-Marie Gros-Louis, d'un an le cadet de Magella et surtout beaucoup, beaucoup moins costaud. Jean-Marie est le plus petit des cinq frères Gros-Louis. À côté de Magella, le plus grand, la différence de taille est frappante. Cette différence est d'autant plus visible que les deux frères sont très souvent ensemble. Ils sont soudés l'un à l'autre depuis toujours, dans toutes les circonstances. S'attaquer à Jean-Marie équivaut à s'en prendre à Magella lui-même.

Quand le frère Ludger a eu le malheur de molester son petit frère, Magella a tout de suite riposté en lui flanquant un coup de pied sur une jambe, par-dessus sa longue soutane noire[3]. Le frère Ludger ne porte déjà pas Magella Gros-Louis dans son cœur. Et le Huron le lui rend bien. Oné-Onti devient bouillant de colère quand le religieux l'enguirlande devant tous ses camarades. Lorsqu'il entend les mots « maudit sauvage », la marmite explose. « Je n'ai jamais accepté le mot sauvage », insiste Max Gros-Louis.

Sentant le danger venir, le frère Ludger s'enfuit en courant dans le corridor, raconte le Huron. Beaucoup plus jeune et surtout beaucoup plus athlétique, Magella le rattrape très rapidement. Et paf! C'est là que le coup de poing est parti. Les lunettes de l'enseignant sont projetées en l'air aussi vite que leur propriétaire l'est au plancher. Le grand Magella, mesurant déjà 1,80 m, suivait des cours de boxe. Il n'allait pas manquer son coup. « Il l'a étampé dans le passage du collège », se souvient son frère Jean-Marie.

C'est la fin de l'école à jamais pour l'aîné des Gros-Louis, à la toute veille des examens de fin d'année. Le seul « diplôme » que recevront ses parents est l'avis d'expulsion de leur fils, livré par un commissionnaire du collège. Magella Gros-Louis s'en fiche plus qu'autre chose. Si l'école sert à se faire dire que les siens sont des barbares, ce n'est pas la peine. Et en plus, si un Huron se mêle d'atteindre l'université, il perd automatiquement son statut d'Indien, comme le stipule la loi sur les Sauvages. Ce qui serait la pire des calamités pour Magella Gros-Louis. Bref, tout est bien qui finit mal!

---

3 Tous les religieux de l'époque portaient encore ce vêtement caractéristique dont étaient aussi vêtus les pères Jésuites de France, à leur arrivée au Canada, au 17e siècle, ce pourquoi les Amérindiens les surnommaient d'ailleurs les « robes noires ».

———————

Les premières années scolaires des jeunes Hurons se passent exclusivement entre eux, sur la réserve de Wendake, en banlieue de Québec. Ils fréquentent la petite école de bois des Sœurs de Notre-Dame du Perpétuel Secours, qui compte deux classes seulement, situées au rez-de-chaussée, pendant que les religieuses habitent à l'étage. L'une des classes est destinée aux première et deuxième années, l'autre aux troisième, quatrième et cinquième années. Les classes à niveaux multiples ne sont pas exclusives aux nations autochtones. Il en existe à l'époque aux quatre coins du Québec.

Du temps de Magella Gros-Louis, l'école Notre-Dame du Perpétuel Secours de Wendake accueille tout au plus une soixantaine d'enfants de la réserve huronne-wendate. Elle est située juste un peu avant le pont des chutes Kabir Kouba, séparée de l'église par ce qui est aujourd'hui devenu le boulevard Bastien. La première école de la réserve a été remplacée par une autre école, plus grande celle-là, qui occupait jadis le bâtiment abritant aujourd'hui le comptoir vestimentaire Agoshin, la Maison de la famille et l'administration de Wendake Construction, juste à côté du restaurant Sagamité. C'est l'école Ts8taïe, construite en 1986 rue de L'Ours, qui en a pris la relève dans la réserve, « en haut » du village. *Ts8taïe* veut dire « castor »; le chiffre 8, en langues amérindiennes, se prononce *kwei* et veut dire « salut », peu importe les variantes orthographiques qui existent d'une nation à l'autre.

Wendake a son haut et son bas du village, un peu de la même manière que Québec a sa haute-ville et sa basse-ville. Le bas du village constitue le Vieux-Wendake, celui

———
21

que traversent le boulevard Bastien et ses énormes flots de véhicules. À Québec, la distinction se veut d'abord géographique.

À l'école de la réserve, où les petits Amérindiens se retrouvent entre eux, tout se passe relativement sans histoire à l'époque de Magella Gros-Louis. Mais après la cinquième année, les élèves doivent traverser le pont de la rivière Saint-Charles pour fréquenter le collège Saint-Joseph, à Loretteville. Les Blancs y sont très fortement majoritaires et font un très mauvais parti aux « sauvages » d'à côté. Quand Magella Gros-Louis met les pieds pour la première fois dans la cour de récréation, le collège dénombre à peine une dizaine de Hurons sur 200 élèves.

« Le pont du boulevard Bastien est une véritable frontière, raconte Max Gros-Louis. Les petits Blancs nous attendent de pied ferme pour nous intimider. » Et les petits Hurons en sont parfois traumatisés.

Mais le jour de l'arrivée de Magella Gros-Louis en sixième année, la frontière de la peur vole pratiquement en éclats. Le grand adolescent de Wendake fonce à coups de poing et ouvre le chemin aux siens. « Si quelqu'un faisait un coup de cochon à un petit gars de la réserve, dit-il, il avait affaire à moi. Je l'attendais dans un coin et je lui faisais entendre raison. Je m'ennuie quasiment de l'époque où on pouvait se donner des claques sur la gueule ! »

L'artiste populaire Tex Lecor, qui est devenu un grand ami de Max Gros-Louis au fil des ans, a vu le redresseur de torts, alors dans la vingtaine, à l'œuvre au premier degré. Les deux hommes se rencontraient régulièrement au défunt bar La Catastrophe, au centre-ville de Montréal.

Lecor en était l'un des patrons, en plus d'y chanter. « Max prenait rapidement sa place et toute sa place, raconte l'artiste. S'il entendait dire le mot "sauvage", par exemple, il prenait le temps de bien soupeser la situation. Si c'était une blague, il laissait passer. Mais si c'était une insulte ou une provocation, ce n'était pas long que son auteur se faisait mettre à sa place. Il lui arrivait même d'intervenir physiquement. »

Plus tard, il ne cessera plus jamais de se battre que ce soit par la parole, les coups d'éclat, la politique, le commerce et même l'écriture.

En 1971, Oné-Onti publie le livre *Max Gros-Louis Le « Premier » des Hurons*. L'ouvrage constitue un pamphlet percutant qui revendique notamment la réécriture de l'histoire du Canada, pour y incorporer la perspective des Premières Nations. Il publie ce livre à l'âge de 40 ans en collaboration avec un Français d'Orléans, Marcel Bellier. Le bouquin est aussi diffusé en anglais sous le titre *Max Gros-Louis First among the Hurons*. Le livre du grand chef de Wendake dénonce vertement le sort réservé aux Autochtones par les autorités gouvernementales fédérale et provinciale. Il y écrit notamment que le Québec est un territoire amérindien prêté aux Blancs.

« Il y a trois siècles, nos ancêtres ont commis une erreur grave, affirme Magella Gros-Louis. Celle de mettre en pratique cette charité envers le prochain, qu'enseignaient les membres du clergé [...] Ils se mirent donc à aimer vraiment leurs "frères blancs", à les aider, à apprendre

quelques mots de leur langue, à leur servir de guides [...]
Erreur funeste dont nous, leurs descendants, subissons les
tristes conséquences. Car il devient évident, par la suite,
que l'évangélisation, aux yeux des conquérants d'alors,
n'était guère plus qu'un masque destiné à venir en aide
à la colonisation.

« L'essai de collaboration loyale que pratiquèrent les
Hurons à cette époque n'eut comme contrepartie que la
mainmise sur leurs terres, ajoute Max Gros-Louis. Si bien
que lorsque nous nous réunissons, Indiens et Canadiens,
nous disons à ceux qui sont devenus nos ennemis : "Quand
vous êtes arrivés sur ce continent, vous aviez les missels
et nous avions les terres. De nos jours, après avoir aban-
donné votre religion ou l'avoir accommodée à vos besoins
égoïstes, vous avez les terres et nous avons les missels." »

Loin d'avoir ramolli, son discours est encore plus impi-
toyable en 2012, maintenant qu'il a 81 ans. « Quand on
me demande ce qui devrait être changé dans le récit qui
a été fait de l'histoire jusqu'ici, répète-t-il inlassablement
dans sa maison de Wendake, je réponds invariablement :
"On devrait garder seulement les deux couvertures des
manuels, et encore, à condition qu'ils ne soient pas trop
maganés !"»

Oné-Onti saute sur toutes les occasions, ou les crée au
besoin. Lors d'une tournée de la province, il déclare sur la
scène de l'auditorium Dufour du Séminaire de Chicoutimi
— où les garçons privilégiés suivent le prestigieux cours
classique des prêtres séculiers — que les riches territoires
forestiers de la famille Price appartiennent aux Hurons-
Wendats. Au Saguenay–Lac-Saint-Jean, les frères Price
sont pratiquement des dieux et le clergé est très heureux

de pouvoir compter à la fois sur leur argent et sur leur influence. Cet autre « coup de poing » frappe dur. Mais son auteur affirme aujourd'hui qu'il frapperait de la même façon si c'était à refaire.

Au cours de cette même tournée, Max Gros-Louis se retrouve face à face avec un membre de la riche famille Murdock, des exploitants forestiers québécois, qui l'interpelle pendant que le Huron est au micro. « Vous n'êtes même pas chez vous, ici, monsieur ! », l'interrompt crûment Max Gros-Louis. « Savez-vous que 85 % du territoire du Québec appartient aux Amérindiens ? »[4]

« On m'a souvent traité de maudit fou pour avoir fait cette affirmation, commente-t-il. Mais les tribunaux m'ont donné raison en 1990[5]. »

4 NDA : Max Gros-Louis dit qu'il déteste les appellations « Indiens », « Amérindiens » ou « Autochtones » et que « Premières Nations » est la juste expression pour les désigner. Toutefois, il a longtemps utilisé lui-même les trois premiers termes et il lui arrive encore de le faire, par automatisme ou par mégarde.

5 La Cour suprême du Canada a validé en 1990 le traité Murray de 1760, qui reconnaît aux Hurons des droits ancestraux sur l'occupation du territoire. Il en sera question dans le chapitre VII.

CHAPITRE II

LE
DESCENDANT

———————

« JE DÉTESTE QU'ON NOUS APPELLE "LES INDIENS",
TOUT AUTANT QUE "LES AMÉRINDIENS"
OU "LES AUTOCHTONES" D'AILLEURS.
NOUS SOMMES LES PREMIÈRES NATIONS DU CONTINENT
ET C'EST AINSI QUE TOUT LE MONDE DEVRAIT
NOUS APPELER », DIT MAX GROS-LOUIS,
MEMBRE DE LA SEPTIÈME GÉNÉRATION DE SA
FAMILLE ANCESTRALE.

LES PREMIERS HABITANTS DU CANADA ont été rebaptisés « Indiens » sur la base d'une erreur géographique. En 1492, l'explorateur Christophe Colomb, un Italien de Gênes, cherche la route des Indes et de ses précieuses épices pour le compte du roi d'Espagne, Ferdinand D'Aragon. Ses trois navires à voile, la *Pinta* et la *Nina*, deux caravelles, ainsi que la *Santa Maria*, une nef, le mènent plutôt en Amérique dans la nuit du 11 au 12 octobre. Après avoir mis 10 semaines pour traverser l'Atlantique, il accoste sur l'île de Guanahani, dans les Bahamas actuelles, qu'il rebaptise San Salvador, du nom du Christ.

Colomb est convaincu de débarquer aux Indes. De sorte que tous les Autochtones du continent deviennent soudainement des Indiens, y inclus les premiers peuples du Québec : les Hurons-Wendats et les Mohawks, de la famille iroquoienne; les Abénakis, les Algonquins, les Attikamekws, les Cris, les Innus, les Malécites, les Micmacs et les Naskapis, de la famille algonquienne; et les Inuits, alias les Esquimaux, de la famille eskaléoute.

Le nom de Wendat, qui signifie « insulaire », est relié à la presqu'île de la baie Georgienne, en Ontario, où vécurent les Hurons au 17ᵉ siècle. Surnommée « le sixième Grand Lac » par ses habitués, cette baie de 30 000 îles et de 2000 km de rivages constitue une excroissance du lac Huron. La baie Georgienne est un véritable paradis terrestre s'il en est : le fond de son eau parfaitement limpide est en granit, ses plages sont on ne peut plus accueillantes, la flore et ses couchers de soleil sont magnifiques. Elle est l'une des grandes merveilles de la nature nord-américaine.

À l'origine, les Hurons-Wendats sont divisés en cinq tribus : les Attignawantan, peuplade de l'Ours; les

Attignaenongnehac, peuplade de la Corde ; les Arendaronon, peuplade du Rocher ; les Tahontaenrat, peuplade du Daim ; et les Ataronchronons, peuplade des Marais. Les Hurons-Wendats font partie de la famille des Iroquoiens. Les Européens les ont surnommés « les Hurons » en raison de la chevelure des hommes taillée en hure, comme celle du sanglier. Cette nation vit principalement autour des Grands Lacs et le long du fleuve Saint-Laurent. Ceux des États-Unis se nomment les Wyandots.

Les récits de Samuel de Champlain, fondateur de la ville de Québec en 1608, indiquent qu'il aurait vu des Hurons le long du Saint-Laurent lors de son premier voyage en Amérique, en 1603, mais qu'il ne les aurait pas revus lors de son deuxième voyage, l'année suivante. Les Hurons auraient alors migré vers les Grands Lacs, dont l'un porte leur nom, avant de revenir à L'Ancienne-Lorette, à Sillery et à l'île d'Orléans, avant de s'installer à demeure à Wendake en 1697.

Cette réserve amérindienne est alors située à la Jeune-Lorette, devenue Loretteville en 1913. Le nom de « Jeune-Lorette » est né du déménagement des Hurons-Wendats à cet endroit, à la fin du 17ᵉ siècle, pour le distinguer de leur lieu de résidence précédent, L'Ancienne-Lorette. Les Hurons-Wendats sont d'abord des agriculteurs et des marchands qui troquent avec les autres nations autochtones. Ils cultivent abondamment le tabac, la courge, le haricot et le maïs, celui-ci rebaptisé « blé d'Inde » sur la base de la même erreur géographique qui les a fait devenir des « Indiens ». Ils se livrent aussi à la traite des fourrures.

« Il fallait absolument parler le huron pour traiter avec nous », relate Max Gros-Louis. Ce qui n'a pourtant pas empêché cette langue d'être complètement disparue aujourd'hui. « C'est une triste perte, déplore-t-il. Ce serait vraiment une fierté pour nous de pouvoir parler notre langue. La dernière personne que j'ai entendu parler le huron était mon arrière-grande-tante Caroline, lorsque j'étais enfant. »

La langue huronne a cessé d'être parlée vers la fin du 19e ou au début du 20e siècle, estime la sociologue Linda Sioui[6] de l'Université Laval, à Québec. Les Hurons étaient depuis longtemps les alliés des Français. Ils apprenaient donc tout naturellement la langue de ces derniers et les jeunes Hurons étaient instruits à l'école française des religieux blancs.

Depuis 2010, Wendake pilote toutefois une initiative visant à faire réapprendre leur langue d'origine aux Hurons. Le projet Yawenda — mot qui signifie « la voix » — s'affaire entre autres choses à créer du matériel pédagogique en huron-wendat et à former des enseignants capables de transmettre cette langue aux écoliers et aux adultes désireux de l'apprendre.

La disparition de la langue huronne pose aujourd'hui un sérieux problème d'orthographe, notamment des noms propres, ainsi que le constate la Commission de toponymie du Québec : « L'écriture des noms de lieux présente certaines difficultés en raison du fait que les graphies des toponymes hurons-wendats n'étaient pas fixées par l'écriture. Il s'agit dans un bon nombre de cas de toponymes transmis oralement. Ce qui explique qu'un toponyme

---

6 Linda Sioui, *La réaffirmation de l'identité wendate-wynadotte à l'heure de la mondialisation*, mémoire présenté à la Faculté des études supérieures de l'Université Laval dans le cadre du programme de maîtrise en anthropologie pour l'obtention du diplôme de maîtrise ès arts (M.A.), 2011.

pourra avoir plusieurs variantes orthographiques. Ainsi, la dénomination officielle du Lac Tourilli sera, selon les documents, orthographiée : Tourilé, Touriyé, Touriali, Atourilli, Tourite. »

La tradition orale des Hurons fait qu'il n'y a pas très long-temps, par exemple, que les rues de Wendake portent un nom. « Jadis, raconte l'ancien chef délégué Luc Lainé, nous disions "rue des vétérans" parce que d'anciens mili-taires y habitaient, ou "rue des divorcés", parce que des divorcés y vivaient, etc. » Ce pouvait être aussi « rue du bureau de poste », « rue du garage », « rue de la maison rouge » ou « rue du clos à cochons ».

Les rues ont été graduellement renommées depuis la fin des années 1970 sous le règne de Max Gros-Louis. Pour des raisons évidentes de coordination et de sécurité, expli-que ce dernier. « Comment, par exemple, envoyer les pom-piers rapidement quelque part sans disposer d'une adresse ? illustre-t-il. Tourne à gauche à cet endroit, tourne à droite deux rues plus loin, grimpe par là, ça commençait à deve-nir pas mal compliqué. »

Il n'y a pas très longtemps non plus que l'affichage des noms des rues de Wendake se distingue tout à fait de ce qui se fait ailleurs. « Les gens traversaient parfois la réserve sans vraiment s'en rendre compte », témoigne Luc Lainé. Le Conseil de bande a voulu corriger cette situation par des écriteaux distinctifs. Ainsi, sur les panneaux d'ar-rêt hexagonaux rouges, en bas du mot « stop », il a ajouté celui de *setet*, qui en est la traduction huronne.

En 1535, l'Amérique compte entre 30 000 et 45 000 Hurons. Leur population dégringole à 10 000 vers 1649, à la suite des guerres et des épidémies. Ils sont aujourd'hui environ 3170, selon Dorothy Duchesneau, fonctionnaire chargée du Registre des Indiens au Conseil de bande de la nation huronne-wendate, à Wendake. La majorité, soit environ 1800, vit hors réserve et quelque 1360 Hurons vivent dans celle de Wendake, pendant qu'une poignée vivent dans d'autres réserves québécoises, par exemple celle des Innus de Betsiamite (nom changé pour Pessamit en 2008), dans la région de la Côte-Nord.

Parmi les Hurons les plus célèbres figurent Degandawidam[7], qui fut le père de la Ligue des Cinq Nations dont le fonctionnement a inspiré la Constitution américaine; le chef Kondiaronk (1649-1701) — dont une salle historique de réceptions et de spectacles de Wendake porte le nom — reconnu pour ses talents de diplomate et pour son rôle dans le Traité de paix de 1701 qu'ont appuyé toutes les nations amérindiennes de la Nouvelle-France; Prosper Vincent (1842-1915), premier Huron à être ordonné prêtre; le chef Ludger Bastien (1879-1948), homme d'affaires prospère et premier Huron élu député à la législature du Québec; Oscar Bastien, qui fut le premier Huron annonceur à la radio (1927-1942); et Léon Gros-Louis, l'oncle de Max, qui fut le premier médecin de la nation. Il a été diplômé à l'Université Laval de Québec.

---

7 « Aucun document ne nous permet de dater avec précision la période de vie de Deganawidah », indique Denys Delâge, professeur associé spécialiste des questions autochtones à l'Université Laval. « La seule manière d'y arriver consiste à dater approximativement (ou précisément) à quand remonte la fondation des Ligues ou fédérations huronnes et iroquoises. Il n'existe pas de consensus. La fourchette s'étend entre les années 1400 et le 16e siècle, en tout cas avant l'arrivée des Européens. »

Le premier Wendat de la lignée de Magella Gros-Louis est Louis Onda 8 Annhont, qui épouse Agate On 8 Endenti. Les parents de Max Gros-Louis, Cécile Talbot et Gérard Gros-Louis, forment un couple amérindien métissé. Cécile Talbot, fille de Vitaline Brind'Amour et d'Alexis Talbot, est de sang algonquin. Elle est originaire de l'Abitibi. Gérard Gros-Louis, fils d'Angélina Garneau et de Théophile Gros-Louis, est né à Wendake. Il est un Huron de souche aussi loin que sa généalogie puisse remonter dans le temps. Les parents de Magella Gros-Louis ont vécu toute leur vie à Wendake. Gérard Gros-Louis est mort le 8 juillet 1986, exactement 10 mois après sa femme. Le couple a eu 11 enfants, dont neuf sont toujours vivants.

Sauf Céline, tous les frères et sœurs de Magella Gros-Louis encore vivants habitent dans la réserve. Même que Jean-Marie et Roger vivent dans la rue du Grand-Chef-Max-Gros-Louis, la plus longue de Wendake — 1,4 km — évidemment baptisée ainsi en hommage à leur frère aîné.

La mère de Magella Gros-Louis est une femme plutôt grande pour l'époque tandis que son mari est un colosse de 1,87 m, qui dépasse à peu près tout le monde. Il était juste un petit peu moins grand que son fils aîné, qui fait 1,90 m. Jacquelin Savard, un Huron de Wendake, raconte que Max Gros-Louis était tellement costaud qu'il commandait des gants et des chemises sur mesure, le prêt-à-porter étant trop petit pour lui. Il fait la connaissance d'Oné-Onti quand, adolescent, il travaille à la mercerie de son grand-père maternel Albert Vincent, située à Loretteville, juste à la limite de Wendake.

Max Gros-Louis appartient au clan du Loup. Chaque famille huronne-wendate fait partie de l'un des quatre

ARBRE GÉNÉALOGIQUE
FAMILLE GROS-LOUIS

GÉRARD GROS-LOUIS	**CÉCILE TALBOT**
1er DÉC. 1907 / 8 JUILLET 1986	8 SEPT. 1906 / 7 SEPT. 1985

MAGELLA GROS-LOUIS
6 AOÛT 1931

GILLES GROS-LOUIS
21 OCTOBRE 1938

JEAN-MARIE GROS-LOUIS
29 AOÛT 1932

LOUISETTE GROS-LOUIS
16 JUIN 1940

FRANÇOISE GROS-LOUIS
DÉCÉDÉE À TROIS MOIS

CÉLINE GROS-LOUIS
6 DÉCEMBRE 1942

ALINE GROS-LOUIS
26 DÉCEMBRE 1934

JOSEPH GROS-LOUIS
DÉCÉDÉ À LA NAISSANCE

BRUNO GROS-LOUIS
27 JUILLET 1936

MICHELINE GROS-LOUIS
10 DÉCEMBRE 1948

ROGER GROS-LOUIS
15 AOÛT 1937

MAGELLA GROS-LOUIS	**CLAIRE BÉLAIR**
6 AOÛT 1931	21 MARS 1930 / 19 MARS 1997

ALAIN GROS-LOUIS
17 JANVIER 1955

KINO GROS-LOUIS
19 AOÛT 1963

LINE GROS-LOUIS
26 JUILLET 1956

ISA GROS-LOUIS
1er JANVIER 1968

MARIO GROS-LOUIS
6 DÉCEMBRE 1958

clans qui forment la tribu et chaque clan est associé à un animal ou à un reptile : celui du Chevreuil, celui de l'Ours, celui du Loup et celui de la Tortue. Magella Max Gros-Louis appartient à celui du Loup. Et Konrad Sioui, le grand chef actuel de Wendake, fait partie du clan de l'Ours.

Un clan est un ensemble de familles liées par une parenté, réelle ou fictive, fondée sur l'idée de descendance d'un ancêtre commun. Même si leur filiation précise n'est toujours pas connue, tous les membres d'un clan connaissent cette origine qui prend un caractère mythique. Des individus ou des familles étrangères peuvent être adoptés par un clan qui leur « prête » ses ancêtres, ce qui constitue alors une sorte d'affiliation ou de réaffiliation. Lorsque cet ancêtre est représenté par un animal, celui-ci devient le totem du clan.

Les Hurons-Wendats ont l'habitude de surnommer chaque famille à partir d'une caractéristique spécifique. Le surnom de « corbeau » dévolu à la famille de Max Gros-Louis vient du fait que son grand-père, Théophile Gros-Louis, guide de chasse et pêche, avait les cheveux noirs comme le plumage de cet oiseau. Hélène, la belle-sœur de Magella, est une sardine parce qu'ils étaient 14 enfants à la maison, donc tassés comme des sardines. Chez les Hurons-Wendats, il y aussi les Picard Gros-Sirops parce que certains membres de la famille buvaient gaillardement. Le grand chef actuel de Wendake, Konrad Sioui, est un Toc — ou Ti-Toc, disent certains — parce que les membres de son clan sont réputés obstinés. Mais tous les Sioui ne sont pas des Toc.

Gros-Louis est l'un des noms les plus répandus de la réserve de Wendake, avec Picard et Sioui, ainsi que l'observent les passants qui circulent dans la section commerciale du boulevard Bastien, la rue principale.

À l'origine, les Hurons-Wendats du Canada sont animistes. Ils croient que tous les animaux et les objets inanimés possèdent une âme, de la même manière que les personnes. Puis, ils ont été paradoxalement convertis à la religion chrétienne par les Jésuites français, à qui ils ont plus tard reproché d'avoir travesti leur histoire à leur désavantage. Les Hurons du temps de Cécile Talbot et de Gérard Gros-Louis sont des catholiques baptisés à l'église. Et les parents d'Oné-Onti ne font pas exception. Son grand-père Théophile s'imposait même le carême religieux de 40 jours, auquel s'astreignaient alors les plus fervents pratiquants avant la fête de Pâques. Les Hurons-Wendats d'aujourd'hui ont le même rapport à la religion que les Blancs : ils sont plus croyants que pratiquants.

36 Max Gros-Louis n'a pas choisi le surnom de sa famille. Mais il bénit le ciel pour celui qu'il a. « Le corbeau est l'oiseau le plus intelligent de la terre, affirme-t-il sans ambages. Et peut-être même l'être le plus intelligent tout court. Il peut même parler. C'est un oiseau sacré... » Il tient ces propos assis à la table de sa cuisine, au fond de laquelle trône un remarquable spécimen empaillé du gros oiseau noir, aux côtés d'autres symboles animaliers.

Magella Gros-Louis se targue d'avoir été « un enfant de l'amour », selon ses propres mots. « Nous avions des parents exceptionnels, qui nous ont aimés et soutenus comme personne », renchérit sa sœur Louisette.

Gérard Gros-Louis est tailleur de cuir à la manufacture de chaussures Bastien Brothers, l'un des plus gros
employeurs de la réserve. Mais il travaille aussi à son
compte le soir, dans son atelier attenant à la maison.
Cécile Talbot coud des vêtements avec le cuir taillé par
son mari.

Leur fils Magella vend leur production dans un stand aménagé au fond de sa cour, où il ouvrira plus tard la boutique Le Huron. L'un des plus célèbres propriétaires d'un
vêtement confectionné par Gérard Gros-Louis et Cécile
Talbot est le rocker français Johnny Hallyday. Max Gros-
Louis lui a vendu à son comptoir une des premières vestes de cuir à franges qu'il a souvent portée, sur scène ou
ailleurs.

Gérard Gros-Louis et Cécile Talbot étaient des parents
ouverts et plutôt cultivés pour l'époque, indique Max
Gros-Louis. Et aussi des parents responsables, attentifs
à la vie de leurs enfants et hautement estimés par tout
le monde, ajoute-t-il. « Quand j'ai ouvert ma boutique, je
n'avais pas une maudite *cenne*. Un certain Béranger Boivin
m'a fourni pour 40 000 $ de bottes de loup-marin à cré-
dit, sur la foi du gars de la Caisse populaire Desjardins
du Village huron. Il a dit à Boivin : "Connais-tu son père,
Gérard ? Vas-y, avance ton stock à Max Gros-Louis." »

« Mon père était un homme posé, droit et strict, raconte
Louisette Gros-Louis. Ma mère était plus instruite que
lui, elle lisait tout le temps. C'était une femme douce, mais
qui savait défendre ses opinions et qui était la patronne
de la maison, comme c'était souvent le cas à l'époque. Elle
veillait à tout. Elle pouvait par exemple se rendre au collège pour s'occuper d'un de ses fils qui avait des problèmes.

Nous n'avions pas beaucoup d'argent, mais nous étions élevés dans la dignité. »

Gérard Gros-Louis et Cécile Talbot étaient aussi distingués dans leur habillement que dans leur comportement. « Mon père portait tout le temps la cravate, même pour aller travailler à la manufacture », se souvient Jean-Marie Gros-Louis. Une photo de famille fait voir le couple endimanché dans un canot, promenant deux de leurs enfants sur la rivière Saint-Charles, le jour du Seigneur. Les enfants y sont tout aussi bien vêtus.

———

Gérard Gros-Louis est très engagé dans la communauté huronne. De 1938 à 1958, il est petit chef du Conseil de bande, l'équivalent de ministre chez les Blancs. Depuis lors, l'appellation de petit chef a été changée pour chef délégué, puis pour celle de chef familial, qui est celle en vigueur aujourd'hui et qui correspond encore à celle de ministre chez les Blancs.

Le conseil de bande des tribus amérindiennes est l'équivalent d'un gouvernement, et non pas d'un conseil municipal. « Nous sommes une nation et non pas une ville », tient à rappeler Luc Lainé, spécialiste des affaires autochtones qui a été deux ans chef de cabinet de Max Gros-Louis. Lainé avait d'abord été petit chef de Wendake entre 1998 et 2000, et avait alors contribué à la grande réforme du mode électoral de son conseil de bande.

Le conseil de bande comprend un grand chef et huit chefs familiaux, élus séparément. Le mode électoral

DIRECTION DU CONSEIL DE LA NATION HURONNE-WENDATE

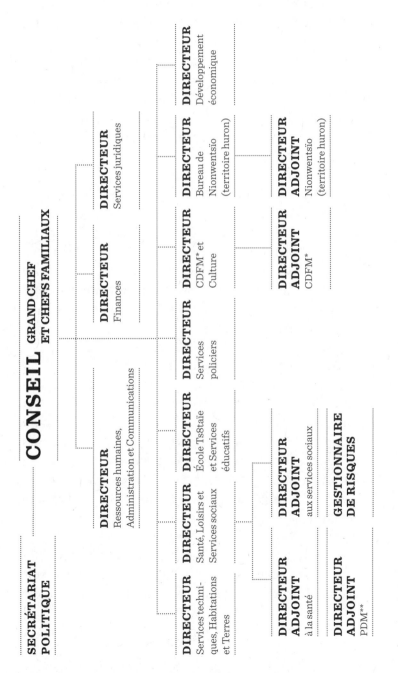

CONSEIL GRAND CHEF ET CHEFS FAMILLIAUX

SECRÉTARIAT POLITIQUE

DIRECTEUR
Ressources humaines, Administration et Communications

DIRECTEUR
Finances

DIRECTEUR
Services juridiques

DIRECTEUR
Développement économique

DIRECTEUR
Santé, Loisirs et Services sociaux

DIRECTEUR
École Ts8taie et Services éducatifs

DIRECTEUR
Services policiers

DIRECTEUR
CDFM* et Culture

DIRECTEUR
Bureau de Nionwentsïo (territoire huron)

DIRECTEUR ADJOINT
à la santé

DIRECTEUR ADJOINT
aux services sociaux

DIRECTEUR ADJOINT
CDFM*

DIRECTEUR ADJOINT
Nionwentsïo (territoire huron)

DIRECTEUR ADJOINT
Services techniques, Habitations et Terres

DIRECTEUR ADJOINT
PDM**

GESTIONNAIRE DE RISQUES

*CDFM : Centre de développement de la formation et de la main-d'œuvre
**PDM : Programme de distribution des médicaments

des Hurons est basé sur la représentation numérique de ce qui est appelé cercle familial. Celui-ci comprend un ensemble d'électeurs qui figurent sur la liste de bande de la nation huronne-wendate et qui sont unis par des liens familiaux directs ou indirects. Il est donc possible que des membres d'un même cercle familial aient un nom de famille différent. Les plus petites familles sont regroupées entre elles de manière que les huit cercles familiaux qui élisent un chef de famille ne puissent jamais avoir 25 % d'électeurs de plus ou de moins qu'un autre.

« Nous avons un mode de scrutin à deux tours où, en plus, les électeurs votent distinctement pour le poste de grand chef, explique Luc Lainé. Contrairement au Canada et au Québec, par exemple, où les électeurs n'ont rien à dire sur l'élection de leur premier ministre. Celui-ci surgit tout à coup de quelque part parce que son parti a fait élire le plus grand nombre de députés. Personne n'a directement voté pour lui. » Lainé, tout comme Max Gros-Louis, estime que les Hurons sont très en avance sur ce plan.

Le Conseil de bande et les élections des Hurons-Wendats fonctionnent sous la surveillance du Cercle des sages, constitué de huit personnes sélectionnées par chacun des clans familiaux sur la foi de leurs connaissances, de leur sagesse et de leur expérience. Les sages ont comme fonction principale de veiller à l'intégrité du Conseil de bande et des élections. Le Cercle des sages « est le chien de garde de notre démocratie », commente Luc Lainé.

Les élus du Conseil de bande héritaient traditionnellement d'un mandat de deux ans. La réforme effectuée sous le règne du grand chef Wellie Picard a fait doubler la durée du mandat en 2000, « de façon à ce que les élus aient vraiment le temps de réaliser des choses », explique Lainé. Des élections se tiennent quand même aux deux ans pour la moitié des chefs familiaux, de sorte que le Conseil de bande n'est pas entièrement figé pour quatre ans.

C'est lors de cette réforme, adoptée en l'an 2000 après deux référendums, que les Hurons-Wendats hors réserve, aussi nombreux que les autres, obtiennent le droit de vote à l'élection du Conseil de bande de Wendake. « Nous sommes une nation, plaide Luc Lainé. Il faut donc que tous les membres de cette nation puissent participer à nos élections. De la même manière que les Québécois de Paris peuvent voter à leurs élections provinciales. »

———————

Aussi longtemps qu'ils en ont la force, les parents Gros-Louis tiennent chaque soir, vers 22 heures, une réunion de famille impromptue pour décanter la journée. Chacun y vient à sa guise, sans invitation. Il y est question de tout et de rien. De politique, par exemple, après les séances du Conseil de bande. « J'allais à ces réunions deux ou trois fois par semaine, raconte Max Gros-Louis. Du temps où j'étais chef, il m'est arrivé souvent de me faire brasser lors de ces réunions. »

« Maman préparait du thé pour tout le monde et elle se faisait cuire une *toast* qu'elle trempait dans sa tasse », se souvient Roger, un des quatre frères de Magella. « La maison n'était pas seulement ouverte aux membres de la famille, elle l'était aussi aux amis. Et si l'un d'eux avait de la misère, maman le nourrissait et le gardait à coucher ! »

Louisette, la septième de la famille, a en quelque sorte pris la relève du fort. Après avoir veillé sur ses parents jusqu'à leur mort, elle a gardé la maison familiale de Wendake, avenue de L'Homme célèbre, et l'a toujours laissée grande ouverte à la famille. Le lieu est resté à la fois l'ancrage et le carrefour des « corbeaux » Gros-Louis, y inclus enfants, petits-enfants, arrière-petits-enfants et arrière-arrière-petits-enfants.

La maison paternelle est un bâtiment à pignon très bien entretenu, avec un extérieur de bois peint en blanc. La demeure n'a jamais eu plus que quatre chambres, de sorte que les enfants dormaient parfois jusqu'à quatre dans la même. L'espace était toujours en chantier, raconte Max Gros-Louis. « Mon père ajoutait des petites rallonges aux chambres ici et là, à mesure que la famille s'agrandissait. » La maison de Gérard Gros-Louis et de Cécile Talbot a été plus tard agrandie, par derrière, d'une annexe à palier unique, laquelle est devenue l'atelier de cuir du couple. L'habitation est jouxtée d'un parterre clôturé d'environ 25 m², qui a longtemps servi de terrain de jeu aux enfants.

À la naissance de Magella Gros-Louis, en 1931, les Hurons de Wendake se comptent par centaines seulement. Wendake est une petite bourgade, dont les premières maisons ont été construites en pierre, puis en bois, à compter du 19ᵉ siècle. Dans un cas comme dans l'autre, ces maisons sont à peu près de taille comparable à celles d'aujourd'hui. Les familles étaient grandes, il fallait de la place. Elles sont collées les unes sur les autres et alignées en demi-lune autour de la petite église catholique Notre-Dame-de-Lorette, qui longe la rue principale juste avant le pont qui mène à Loretteville. Aucune demeure n'a pu être construite du côté de la façade, du fait qu'elle donne sur les chutes Kabir Kouba.

Les rangées de maisons sont traversées par d'étroites rues et avenues rappelant celles des très vieux quartiers centraux de Québec. Cette bourgade de l'époque, bâtie sur une pente ascendante qui va du sud au nord, constitue le Vieux-Wendake d'aujourd'hui, la partie la plus pittoresque et la plus connue de la réserve. Un peu comme le Vieux-Québec fortifié de la capitale nationale du Québec, toutes proportions gardées bien sûr. Certaines demeures du Vieux-Wendake ont autour de 300 ans d'âge. Cette partie compte de petites boutiques d'artisanat, des restaurants, des pâtés de maisons d'habitation et la plupart des attractions touristiques, exception faite du village historique du haut village.

—

43

La section plus moderne de la réserve ressemble beaucoup moins à la vieille partie qu'à un quartier résidentiel de Charlesbourg ou de Sainte-Foy, ex-villes désormais fusionnées avec Québec. La nouvelle partie est typique de l'urbanisme nord-américain. Elle abrite des bungalows du style des années 1970, des maisons récentes, des commerces et des usines. Les rues et avenues de la nouvelle partie sont larges. Les terrains sont vastes. Les maisons sont parfois très grosses et très cossues. Le boum industriel qui caractérise la limite nord de la réserve n'a rien à voir avec les anciens ateliers de fabrication artisanale de raquettes et de mocassins. Des manufactures occupent des immeubles grands comme des patinoires intérieures. Et de nouveaux bâtiments y sont continuellement en cours de construction. La grande variété des entreprises du parc industriel Louis-Philippe-Sioui est aussi surprenante que méconnue.

L'époque précédente a été beaucoup plus rude. « Mon père aurait vraiment souhaité nous payer l'université, témoigne Bruno Gros-Louis, le cinquième enfant de la famille. Mais il gagnait à peine 40-45 $ par semaine. Quand j'ai quitté l'école, en huitième année, je suis allé travailler à la manufacture Bastien, comme lui. Il m'a alors dit, dans sa grande sagesse : "Va apprendre un métier pour la vie, barbier par exemple. Les cheveux pousseront toujours". Je me suis inscrit à l'École technique de Québec et je suis devenu barbier. »

———————————

En plus d'être beaucoup plus grand que la moyenne des enfants de son âge, Magella Gros-Louis se retrouve toujours responsable de quelqu'un ou de quelque chose.

Chaque fois que Cécile Talbot s'apprête à accoucher des plus jeunes de ses 12 enfants, elle demande à Magella, son aîné, d'amener les autres loin de la maison pour les soustraire à cette réalité de la vie. « J'emmenais alors mes petites sœurs et mes petits frères pêcher ou se baigner dans la rivière Saint-Charles. Je suppose que ce genre de tâche a dû contribuer à me forger », dit le fils.

« C'est moi, par exemple, qui décorais l'arbre de Noël de la maison, raconte-t-il. Et j'ai longtemps été le seul enfant à savoir que c'était mon père qui faisait le Père Noël. »

« À 10 ou 12 ans, j'allais couper du bois la nuit parce que c'était interdit. L'hiver, je partais avec mes chiens Pataud et

Miro attelés à un traîneau à neige. Je le chargeais. Je disais : *Hop ! À la maison !* Et mes bêtes ramenaient le bois dans la cour. Mon père disait chaque fois : *Ne te fais pas prendre...* » Si ce dernier tolère l'entorse à la loi, c'est que ce bois sert à chauffer la maison. Tout comme le charbon que Magella et son frère Jean-Marie vont régulièrement cueillir sur la voie ferrée, après le passage du train. C'est l'époque des locomotives à vapeur produite par la combustion du charbon. Il s'en échappe inévitablement des wagons tout au long du trajet. « Et il arrivait parfois qu'il s'en échappe plus que d'habitude... », laisse tomber l'octogénaire, avec l'air de celui qui est fier de son mauvais coup sans trop s'en vanter. Quand le train ne va pas trop vite, le fait est que les jeunes garçons peuvent en faire tomber du charbon !

Magella Gros-Louis n'est décidément pas sur la terre pour passer inaperçu. Tout ce qu'il entreprend est poussé à son maximum. Le collège Saint-Joseph, qu'il fréquente à l'adolescence, est un bastion de l'implantation des cadets de l'armée[8]. Pratiquement tous les élèves en font partie, sous la supervision d'un frère religieux. À 15 ans à peine, Magella devient commandant des cadets du collège et est décoré d'une médaille de la Défense nationale.

Magella Gros-Louis est un garçon rebelle et obstiné. Son père comprend vite que la confrontation n'est pas toujours la meilleure façon de lui faire entendre raison et de l'éduquer convenablement. À 14 ans, son fils aîné décide de ne plus fréquenter l'école. Pourquoi ? lui demande son père. Parce que je me sens assez fort pour travailler, répond l'autre. L'adolescent sait très bien, au fond de lui, que l'hostilité

8 Mouvement de sensibilisation des jeunes gens à l'importance et aux bienfaits d'une force militaire canadienne, appuyé par le ministère de la Défense nationale.

des frères enseignants à son égard est derrière cette décision. Mais bon...

Gérard Gros-Louis veut absolument que son fils continue de s'instruire. D'autant plus qu'il réussit assez bien.
Mais il se montre bon prince... en apparence. Il feint de
respecter le choix de Magella. Et il l'amène vers un chantier de terrassement dont il connaît très bien le contremaître. Celui-ci embauche l'adolescent sur-le-champ. Il
lui montre un pic et une pelle et lui dit : « Viens creuser
un fossé sur la route. »

Gérard Gros-Louis laisse son fils seul avec son défi, son
pic et sa pelle. Le contremaître se montre sans pitié. Mais
Magella Gros-Louis est trop orgueilleux pour lâcher prise.
Il rentre le soir à la maison fourbu et les mains pleines
d'ampoules. Il décide de retourner à l'école le lendemain
même. Le paternel a gagné son pari.

Max « avait ses idées de gars mais n'était pas dur », confie sa
sœur Louisette. « Il prenait soin de nous autres. Il était protecteur. » Roger se souvient qu'il emmenait ses petits frères
en canot et qu'il tenait les cordeaux serrés. « S'il disait de ne
pas grouiller, on était mieux de ne pas grouiller. »

Magella Gros-Louis commence jeune à parler fort, recon-
naît-il lui-même. « Ma mère disait que j'étais tannant, mais
pas méchant. » En tout cas, « il ne fallait pas lui piler sur les
pieds, se rappelle son frère Jean-Marie. Et il était respecté
au plus haut point. Il était imposant à cause de sa taille.
Mais aussi parce qu'il était boxeur, fonceur et bagarreur».

Guy Turcotte a été l'un des amis blancs de Magella Gros-
Louis, au collège Saint-Joseph. Il déménage de Limoilou

à Loretteville avec sa famille, en 1946. Il s'inscrit au collège Saint-Joseph une fois l'année commencée, parce que la nouvelle demeure de ses parents n'est pas prête dans les délais prévus.

« Je me sentais un peu nerveux. Le frère Cléophas me fait asseoir au fin fond de la classe à côté de Magella Gros-Louis. Magella a été le premier élève qui m'a parlé quand est arrivée la récréation. Il m'a invité à la chasse pour le samedi suivant. Nous sommes restés amis depuis ce temps. »

Guy Turcotte raconte que Magella Gros-Louis gesticule beaucoup à l'école, mais qu'il est très amical avec ses camarades... s'ils ne le traitent pas de « sauvage ». « Gesticuler et pousser affectueusement ses camarades avec sa main était sa façon de s'extérioriser », dit-il.

Albert Allard a été dans la même classe que Max Gros-Louis, en sixième année. « Max était assis en arrière de la classe en raison de sa grande taille, raconte-t-il. Parce qu'il est dissipé, le frère Flavien lui ordonne un jour de s'avancer et de se mettre à genoux sur la première des deux marches de la tribune de l'enseignant.

« Lorsque le frère se retourne pour écrire au tableau, Max lève les poings vers lui comme pour le défier. Je ne sais comment le frère a aperçu le geste, mais il s'est rapidement tourné vers Max et lui a dit, en commençant à le frapper : "Tu veux te battre ? On va se battre !" Ça n'a pas dégénéré. Mais les deux se sont vraiment tapochés. »

Dans la cour de récréation, Magella Gros-Louis « poussaillait » pas mal, pour reprendre le mot d'Albert Allard.

C'est lui qui menait tout. « Quand on jouait au drapeau, Max disait : "Toé, tu te places ici, toé, là, ainsi de suite." »

Durant ses années d'école secondaire, le corbeau de Wendake est planteur de quilles à la salle de Robert Boiteau, à Loretteville. Il assure l'entretien de terrains. Il travaille dans la construction, toujours sur la réserve de Wendake. Durant les vacances d'été, il travaille à la brasserie Boswell, au centre-ville de Québec. Son père a déjà guidé les patrons de l'entreprise à la chasse et à la pêche et ils lui en sont reconnaissants en embauchant le fils. Lorsqu'il abandonne l'école, après avoir « cassé la gueule » du frère Ludger, Magella Gros-Louis travaille avec son frère Jean-Marie à la Teinturerie Française, de la haute-ville de Québec. Et il se fait guide durant les saisons de la chasse et de la pêche.

Et les filles ? « À 16, 17 ans, c'était fait depuis longtemps ! » s'exclame-t-il, un brin frondeur.

À 18 ans, Magella Gros-Louis part pour Montréal, avec à peine une brosse à dents pour bagage. C'est un oncle de Montréal, Victor Gros-Louis, qui vient le prendre à Québec pour le ramener là-bas. Le village huron n'est que tristesse et désolation. La pauvreté et le désespoir y sévissent. Le jeune homme a besoin de travailler. Son oncle le convainc qu'il trouvera aisément du travail dans la métropole et l'invite à venir vivre avec lui et sa tante.

Il trouve rapidement du boulot à la distillerie Seagram, de Ville LaSalle. « C'était pas mal pour un Indien supposé être ivrogne ! » ironise-t-il. Au moment où Max Gros-Louis est embauché chez Seagram, une loi fédérale interdit aux Amérindiens de consommer de l'alcool, même dans leur propre maison, sous prétexte que ça les rend irresponsables. Magella Gros-Louis est plutôt content de prouver qu'un Amérindien peut travailler à la fabrication du gin, du rye, du whisky et du scotch sans aucun danger pour la société. Mais son mérite n'est pas si héroïque, puisque Seagram interdit strictement de boire à la distillerie les produits qu'elle fabrique.

Il en est bien autrement quelques années plus tôt à Québec, quand Magella travaille à la brasserie Boswell durant les vacances scolaires. Les employés ont alors droit à huit verres par jour de la bière fabriquée à l'usine. Max Gros-Louis n'en boit jamais un, affirme-t-il, alors que plusieurs camarades de travail blancs dépassent même la limite. Oné-Onti se targue d'ailleurs de ne jamais avoir été saoul de toute sa vie. Ses proches le décrivent tous comme un homme tempérant.

Durant les six ou sept ans passés dans la métropole, il travaille aussi comme magasinier à la Banque Royale du Canada et comme journalier à la Canadian Car, une entreprise qui construit des wagons de chemin de fer. Il en profite également pour améliorer son anglais et fouiller dans les bibliothèques pour connaître à fond l'histoire des Premières Nations du Québec, du Canada et somme toute de l'Amérique au complet. Il comprend vite que le sort des Aztèques et des Chiapas au Mexique, des Mayas au Guatemala ou des Incas au Chili ressemble souvent à celui des Premières Nations du Canada par rapport aux conquérants.

Magella Gros-Louis fréquente aussi la réserve iroquoise de Caughnawaga, où il se fait plusieurs amis mohawks.

Il veut ainsi comparer leurs coutumes, leurs danses et leurs... filles — pourquoi pas ? — avec celles des Hurons. Il repère autour de Montréal et Verdun des territoires de chasse et de pêche où l'exercice de ses passions lui rend la vie urbaine plus tolérable. Au pis-aller, il pêche des perchaudes et des barbottes dans... l'aqueduc de la ville de Montréal. « Pour ne pas me faire prendre, confesse-t-il, je me cachais sous les ponts qui traversaient la conduite d'eau de la ville entre Verdun et Ville Lasalle. »

Fort bon danseur, Magella Gros-Louis occupe une autre partie de ses temps libres à enseigner le tango et la valse. Mais il ne fait pas qu'enseigner, il court aussi les salles de danse pour exercer son art. Il fréquente notamment le fameux club Copacabana, qui loge toujours boulevard de Maisonneuve.

Un soir qu'il s'y amène avec un ami, il fait la connaissance de la flamboyante Claire Bélair, une blonde aux yeux bleus qui est venue au club en compagnie de sa mère. Le Huron invite la jeune fille à danser. Une idylle se noue.

Mais le jeune homme est tourmenté par le fait que la jeune femme n'est probablement pas indienne. La loi sur les Sauvages stipule à l'époque que les enfants nés d'un père indien et d'une mère blanche perdent leur statut d'indien à 18 ans. Ce que Max Gros-Louis ne veut pour rien au monde. Et ce qu'il a contribué à corriger durant son règne de grand chef.

Il accepte néanmoins de visiter la famille de Claire, en compagnie de l'ami avec qui il l'avait rencontrée au Copacabana. « Jamais une femme n'avait produit une telle impression sur moi, dit-il. Malgré ses yeux bleus, j'étais fasciné par le charme qui émanait de tout son être. Je compris en un éclair que la barrière raciale était et serait toujours à la merci des attirances sexuelles. »

Oné-Onti est néanmoins rassuré et soulagé de découvrir que si Raoul Bélair, le père de Claire, est de descendance écossaise, sa mère Lucille est une pure Mohawk.

CHAPITRE III

LE SPORTIF

LE 8 AOÛT 1961, AU STADE DELORIMIER DE MONTRÉAL,
UN CERTAIN DENIS ROBERT, DE CHICOUTIMI,
EST MIS KNOCK-OUT AU PREMIER ROUND
PAR GEORGES THIBAULT, DE MONTRÉAL, DEVANT
15 000 SPECTATEURS. LE COMBAT A LIEU
À LA BELLE ÉTOILE, CE QUI EST PLUTÔT RARE POUR
DE LA BOXE. ET IL FAIT PARTICULIÈREMENT
BEAU CE SOIR-LÀ, SE SOUVIENT LOUIS BÉLANGER, DE
QUÉBEC, QUI S'EST DÉPLACÉ À MONTRÉAL
POUR L'OCCASION.

LE STADE DELORIMIER, situé coin Ontario-de Lorimier, est un stade de baseball et de football. Les Royaux de Montréal, qui font alors partie de la Ligue internationale de baseball, y ont élu domicile. C'est avec cette équipe que Jackie Robinson, le premier joueur noir de l'histoire du baseball majeur, a fait ses débuts professionnels en 1946. Les Royaux sont le club-école des Dodgers de Brooklyn avec lesquels a joué Robinson par la suite, brisant une immense barrière raciale aux États-Unis.

Une plaque commémorative souligne ce fait d'armes à l'intersection Ontario-de Lorimier, à un endroit baptisé Place des Royaux. Inauguré en 1928, le stade Delorimier a été démoli en 1969 pour faire notamment place à l'école Pierre-Dupuy. Les Alouettes de la Ligue canadienne de football ont également joué à cet endroit.

En ce 8 août, les nombreux spectateurs ne sont pas accourus au stade pour voir boxer Denis Robert et Georges Thibault. S'il y a tant de monde ce soir-là, c'est que la grande finale du programme est un combat de championnat canadien entre les poids lourds George Chuvalo, de Toronto, et Robert Cléroux, de Montréal, évidemment le favori de la foule. Cléroux ravit ses partisans en battant le Torontois par décision partagée des juges. Chuvalo avait détrôné Cléroux par décision unanime le 23 novembre de l'année précédente, au Forum de Montréal.

Mais ce Denis Robert, de Chicoutimi, est en réalité le corbeau de Wendake qui boxe sous un nom et une provenance d'emprunt. Une décision des organisateurs, soutient aujourd'hui le perdant. « Je m'en fichais du nom, j'avais besoin d'argent, plaide Max Gros-Louis. Il n'y avait rien de dangereux à affronter Thibault. Et 75 $, dans le temps, c'était toute une somme. » Son frère Jean-Marie, boxeur lui aussi, confirme la version de son frère aîné. « Le nom n'avait pas tellement d'importance. Max avait peut-être besoin d'argent. Alors pourquoi pas une couple de rounds de boxe ? »

Magella Gros-Louis a 30 ans le soir de sa défaite au stade Delorimier. Il est père de trois enfants, Alain, Line et Mario. Il est vendeur de machines à coudre. Il est retiré de la boxe depuis longtemps et n'a d'autant plus la forme d'antan qu'il a cessé de s'entraîner. Le boxeur et promoteur Louis Bélanger, un ami de Magella Gros-Louis, apprend que les responsables cherchent un adversaire pour affronter Thibault. Bélanger sait que son ami est rouillé, mais lui téléphone néanmoins pour lui offrir le combat. Celui-ci accepte sur-le-champ. « Max ne disait jamais non et n'avait peur de personne », témoigne aujourd'hui Bélanger.

Non seulement Denis Robert ne s'appelle-t-il pas Denis Robert et ne vient-il pas de Chicoutimi, mais il n'a pas été envoyé au plancher non plus pour le traditionnel compte de 10. « La vérité est que je me suis couché, affirme Magella Gros-Louis. Un type est venu me voir dans ma chambre la veille et m'a dit : *Tu tombes au premier round, t'entends ?* Je ne voulais pas. Mais quand je l'ai aperçu près de l'arène, le soir du combat, j'ai eu peur et je me suis couché. » Le « combat » n'a pas duré trois minutes.

Louis Bélanger et son frère Frankie, héritier du prénom de son père et boxeur lui aussi, étaient dans le coin de Max Gros-Louis, au stade Delorimier. « Il est possible que ce soit moi qui ai proposé à Max de prendre un autre nom, dit-il. Mais je n'ai jamais entendu parler d'un combat arrangé. Max a été battu parce que Thibault était beaucoup plus

fort que lui. J'ai dit à Max : "Garde tes mains hautes." Il a
suivi mon conseil et s'est fait défoncer les côtes ! Si Max
s'était volontairement couché, je suis sûr que je l'aurais
su. » Max Gros-Louis persiste et signe. Bélanger avait
« arrangé » le combat, affirme-t-il. « Mais pensez-vous
qu'un promoteur de boxe va admettre pareille chose ? »

Selon le défunt quotidien de Québec *L'Action Catholique*,
le soir du combat Max Gros-Louis mesure 1,87 m et pèse
80 kg, ce qui le classe dans la catégorie des poids lourds-
légers. Mais il est opposé à un adversaire qui fait près de
91 kg, la limite maximale de cette catégorie chez les professionnels, tandis que Max pèse un demi-kilo de plus que
la limite minimale de la même catégorie. Ne risquait-il pas
d'être « écrasé » de toute manière ?

———————

Louis Bélanger et Magella Gros-Louis ont à peine 15 ans
quand ils font connaissance. Le premier vient se battre
contre un boxeur de Wendake, à la salle Kondiaronk.
L'entraîneur des boxeurs hurons est alors l'ancien boxeur
militaire Louis-Philippe Roberge. Mais il doit souvent s'ab-
senter de la réserve. De sorte que Max Gros-Louis devient
alors responsable des pugilistes.

Max Gros-Louis retrouve Bélanger au gymnase de Léo
Bouchard, ancien capitaine dans l'armée canadienne, dans
le quartier Saint-Sacrement, en haute-ville de Québec.
Bélanger s'y entraîne déjà. Gros-Louis fréquente aussi
l'autre gymnase que possède le capitaine Bouchard, sur le
bord de la rivière Saint-Charles, en basse-ville. Et là s'en-
traînent des boxeurs renommés, dont Fernando Gagnon,

le champion poids coq (51 à 54 kg) du Canada. Bélanger est impressionné d'y rencontrer l'entraîneur de Gros-Louis, Louis-Philippe Roberge, un poids lourd qui a déjà gagné le Tournoi des espoirs blancs[9]. « Une pièce d'homme ! » s'épate-t-il encore aujourd'hui.

Magella Gros-Louis constate vite que Bélanger n'est pas manchot lorsqu'il le voit s'entraîner contre Gagnon. « Mais c'est surtout son frère Frankie qui était vraiment bon », se souvient Max Gros-Louis. Les deux adolescents partagent aussi la passion du hockey. Ils deviennent très vite de bons copains. Louis Bélanger visite régulièrement son ami au village huron. Il assiste à ses entraînements à la salle des Chevaliers de Colomb.

Un peu plus tard, leur amitié se croisera cette fois sur le chemin des Nordiques de Québec, nouvelle équipe de l'Association mondiale de hockey. Alors que Max Gros-Louis joue du tam-tam dans les gradins, Louis Bélanger donne des cours de boxe aux durs à cuire de l'équipe, dont Curt Brackenbury et Gordie Gallant. Pour ce faire, il dispose d'une petite salle d'entraînement au Colisée même. Et il effectue le même travail avec les bagarreurs des Remparts de Québec, de la Ligue de hockey junior majeur du Québec.

Louis-Philippe Roberge enseigne la boxe à Magella et Jean-Marie Gros-Louis dans le local des Chevaliers de Colomb, rue Racine, à Loretteville. Leur sœur Louisette se souvient que ses deux frères « pratiquaient sur un *punching bag*, dans le sous-sol de la maison ». Leurs frères cadets, Bruno et Roger, respectivement cinq et six ans de moins

---

9 Ce tournoi permet au gagnant de rencontrer le grand champion mondial noir, Joe Louis, des États-Unis.

que Magella, se rendent aussi s'entraîner au gymnase des Chevaliers de Colomb. « Mais nous étions trop jeunes pour nous battre, raconte Roger. Nous nous contentions donc de nous entraîner et en étions très heureux. » Ils ne manquent pas aussi de frapper sur le *punching bag* du sous-sol familial, quand les deux plus grands n'y sont pas déjà.

De 15 à 17 ans, chez les amateurs, Magella Gros-Louis se bat surtout chez les poids coq (entre 51 et 54 kg) et chez les poids plume (entre 54 et 57 kg). Il ressemble à une échalote du haut de son 1,87 m. « Max était si maigre, raconte son frère Bruno, que je l'ai surpris un jour, crayon à la main, en train de camoufler ses côtes sur la photo d'une affiche accrochée à un mur de la salle Kondiaronk pour annoncer un combat à venir. » Max Gros-Louis pèse 114 kg aujourd'hui, mais il a déjà atteint 125 kg, soit 45 kg de plus que le soir du stade Delorimier.

À Wendake, la salle Kondiaronk du boulevard Bastien est aujourd'hui devenue une salle de réception moderne dotée aussi d'une scène pour les spectacles. Mais à l'époque où les Gros-Louis y boxent, elle n'a ni eau courante, ni lavabo, ni cabinet d'aisance. Ce sont les jeunes Bruno et Roger Gros-Louis qui y charrient l'eau à la petite chaudière les soirs de combats, en retour du « très grand privilège », selon l'expression du premier, de voir gratuitement boxer leurs grands frères Max et Jean-Marie. Les autres spectateurs paient leur entrée 50 ¢ et s'entassent à plus de 200 autour du ring et dans de petits « jubés » qui le surplombent.

« C'était très spécial quand venait le temps pour les gars de se laver après leur bataille, raconte Bruno. Nous versions de l'eau dans une grande cuve et les boxeurs y prenaient place, cachés derrière un rideau improvisé. »

Les Gros-Louis se battent parfois en cachette parce que leur père n'est pas très friand de ce sport. Ils se battent certaines fois pour 50 ¢ du combat, mais d'autres fois aussi pour une robe de chambre ou une paire de chaussettes. Max boxe un peu partout, notamment à Sherbrooke et à la défunte mais néanmoins célèbre Tour de Québec, dans le quartier Saint-Roch. Ce bâtiment circulaire avait la particularité d'avoir été d'abord construit pour servir de réservoir à la Quebec Gas Company, en 1849. Plus de 80 ans plus tard, il est transformé en théâtre populaire. Sa forme ronde en fait notamment une arène idéale de boxe et de lutte pouvant accueillir 500 spectateurs.

Le fameux soir du 8 août 1961, ce n'est pas la première fois qu'Oné-Onti affronte un adversaire beaucoup plus lourd que lui. C'était même devenu une habitude de jeunesse dans le duo des frères boxeurs, raconte Jean-Marie. Les Gros-Louis, des amateurs adolescents, affrontent souvent des boxeurs professionnels plus âgés pour gagner de l'argent. « Ces professionnels empruntaient souvent de faux noms pour pouvoir boxer contre des amateurs », soutient Max.

« Je me souviens d'une finale contre Léo Morency à la salle Kondiaronk de la réserve, raconte Jean-Marie, qui avait alors 15 ans. Max avait été battu le même soir par Marc Bégin, dans une demi-finale de trois rounds. Au bout de cinq rounds de trois minutes que je croyais avoir gagnés, les juges déclarent le combat nul. Mon père est choqué. *Si c'est ça la boxe, c'est fini les gars !* proclame-t-il. Je m'étais entraîné un an pour ce combat. »

Magella Gros-Louis affirme qu'il n'a jamais eu d'œil au beurre noir durant ses 10 ans de boxe, « juste un peu enflés », concède-t-il. Mais Jean-Marie soutient affectueusement qu'il a « mangé des volées ». Et Bruno est encore beaucoup plus précis. « À son premier combat contre Marc Bégin, un gars beaucoup plus vieux et beaucoup plus fort, affirme-t-il, Max avait eu le nez cassé dès le premier round. Il saignait tellement que mon père a exigé que cesse le combat. » Ce combat a eu lieu en février 1947. Le Huron avait seulement 15 ans. Son ami Louis Bélanger, lui-même boxeur, confirme cette déconfiture de Magella Gros-Louis contre Bégin. « Max n'a jamais refusé un combat, dit-il. Il voulait *essayer* tout le monde, même s'il était gros de même... », fait voir Bélanger en dépliant son index.

Après le match nul controversé de Jean-Marie, le père avait une raison supplémentaire de sortir ses gars de la boxe au plus vite.

Max Gros-Louis n'est pas qu'un adepte du ring. D'autres sports l'intéressent. À Wendake, il forme une équipe de balle-molle dont il est nommé capitaine. « Le champ intérieur du terrain de balle était juste ici, où est ma maison », s'exclame-t-il, en frappant la table de cuisine de son index. L'équipe affronte des adversaires des villes environnantes : Loretteville, Charlesbourg, Saint-Émile, etc.

Il forme aussi l'équipe de hockey Les Hurons, dont il est aussi désigné capitaine. C'est lui qui aménage la première patinoire extérieure près de la gare, là où est aujourd'hui situé l'Hôtel-Musée Premières Nations. Il bâtit une petite cabane de bois pour accueillir les joueurs. Il organise des bingos pour acheter des chandails de hockey et des bandes usagées qu'il déniche à Saint-Romuald, sur la rive sud de Québec. Les adversaires des Hurons proviennent à peu près des mêmes villes que ceux de la balle-molle.

Comme joueur, Magella est « bon dans tout et bon dans rien », dit-il de lui-même. À la balle-molle, il n'est « pas diable », pour reprendre ses propres termes. En hockey, son seul vrai atout — si c'en est un — est la robustesse. « Je disais à mes adversaires : "Si tu repasses de mon bord, tu ne joueras plus de la game." J'étais un joueur plutôt rude. » Son frère Bruno confirme ses propos. « Je l'ai vu dans son équipe alors qu'il avait 15 ans, raconte-t-il. Il était un joueur moyen, mais il frappait dur. »

Il réussit beaucoup mieux dans les courses de canots et de raquettes, terrain naturel des Amérindiens. Il gagne notamment des épreuves de duos de 50 km sur les rivières Chaudière et Saint-Charles. Il fait souvent équipe avec des Innus de Mashteuiatsh, au Lac-Saint-Jean, notamment avec Michel Raphaël et Michel Verreault.

La rivière Chaudière est un cours d'eau de 185 km de longueur qui coule du sud au nord. Elle part du lac Mégantic, dans les montagnes Appalaches, et va se jeter dans le fleuve Saint-Laurent, à Lévis. Jean-Marie Gros-Louis a vu son frère Max participer à des courses disputées sur cette rivière entre Saint-Martin et Sainte-Marie de Beauce; et mieux encore, entre Sainte-Marie et Saint-Georges de Beauce, en remontant le courant.

« Il nous arrivait parfois de chavirer, raconte Max Gros-Louis, quand on tentait de sauter certaines chutes, par exemple. » Les concurrents s'empressaient de redresser le canot et repartaient de plus belle. « Une vingtaine d'équipes s'épuisaient complètement à avironner de la sorte, se souvient Jean-Marie Gros-Louis. Les premiers arrivaient souvent le soir à la noirceur, au bout de cinq ou six heures de course. »

Max Gros-Louis passe beaucoup de son temps en canot. Mais il ne s'entraîne pas pour les courses, comme le font certains adversaires. Il court pour les trophées. Et en Beauce, il court aussi parce qu'il a un lien particulier avec la région. Il fait partie de l'Alliance française de la Beauce, un organisme socioculturel qui a pignon sur rue à Saint-Georges. Son président, Jacques Pinon, un Français de Tours devenu son ami, lui demande d'organiser des compétitions sportives, des concours de portage, etc. Comme attraction supplémentaire, Max-Gros-Louis dresse aussi des tentes sur une petite île de la Chaudière, située près de Saint-Georges.

Avec les années, en raison de nombreuses obligations familiales, professionnelles et politiques, Max Gros-Louis a passablement ralenti la pratique sportive. Mais il est toujours resté passionné de sport que ce soit à titre d'organisateur, de bénévole ou d'amateur.

En 1960, Oné-Onti devient bénévole au tout nouveau Tournoi international de hockey pee-wee de Québec, le plus important rassemblement de joueurs de hockey mineur au monde. La catégorie est réservée aux jeunes de 10 à 12 ans. Max Gros-Louis travaille aux côtés de Gérard Bolduc, le fondateur, qui destine alors les profits du tournoi à une œuvre de bienfaisance locale, le Patro Roc-Amadour des Frères de Saint-Vincent-de-Paul.

Deux équipes amérindiennes sont prises en charge par la réserve de Wendake. Max Gros-Louis transforme son sous-sol en dortoir pour héberger des joueurs amérindiens de Kahnawake, près de Montréal, de l'Alberta et d'ailleurs. Il fait visiter la ville aux jeunes joueurs. Il les divertit, les dorlote. Il collabore de toutes les façons possibles à leur réussite. Il est fou du hockey. Et il y voit en plus l'occasion de faire avancer la cause de sa vie.

Au cours de ce tournoi, les jeunes Autochtones se disputent la Coupe des Amérindiens. Février 1962 passe à jamais à l'histoire de cette coupe et de tout le tournoi : l'Atikamekw Arthur Quoquochi compte sept buts et fournit quatre assistances, dans une victoire de 11-0 des Amérindiens du Québec. Un coéquipier réussit la récolte contraire : quatre buts et sept passes. Quoquochi possède un tir frappé fulgurant, un boulet de canon qui terrorise les gardiens adverses, au point où certains tentent plus de sauver leur peau que d'arrêter la rondelle.

L'exploit du jeune Amérindien émeut d'autant plus le public qu'il a été exceptionnellement sorti du pensionnat autochtone de Pointe-Bleue, au Lac-Saint-Jean, pour participer au tournoi. C'était l'époque où les enfants des Premières Nations étaient arrachés à leurs familles et parqués dans des pensionnats du gouvernement du Canada pour être assimilés à coups de privations et de mauvais traitements.

Max Gros-Louis trouve que les petits joueurs amérindiens méritent plus d'attention des amateurs. Il saute sur l'occasion d'utiliser le sport national du Canada pour mettre la culture amérindienne en valeur. Du haut des gradins, il se met à jouer du tam-tam lors de chacun des matchs de ses semblables. Son succès est instantané.

L'ancien joueur des Nordiques Dave Pichette a entendu Max Gros-Louis jouer du tam-tam au Colisée de Québec bien avant de savoir qui il était et, surtout, bien avant de savoir que le grand chef huron deviendrait un jour le plus ardent partisan de l'équipe professionnelle dont il porterait les couleurs.

Pichette habite alors la paroisse de Sainte-Odile, juste à côté du Colisée. La coutume veut que les élèves du primaire aient congé le vendredi du tournoi pour pouvoir y assister toute la journée durant. Fils d'un ancien entraîneur de hockey qui l'a abreuvé de cette potion sportive, Pichette se précipite donc au Colisée dès l'âge de 6 ou 7 ans, en compagnie d'un petit voisin plus âgé.

« Pour être sûr d'avoir une place, raconte-t-il, on se rendait au Colisée dès 6 heures le matin. Mais on avait quand même de la misère à trouver un siège. Les As de Québec (de la Ligue américaine de hockey) s'entraînaient à cette heure-là, pour laisser ensuite la place aux pee-wee. Et les 10 000 sièges du Colisée de l'époque étaient déjà remplis. »

Lorsqu'une équipe de jeunes Amérindiens s'amène sur la glace pour y disputer un match, voilà que Dave Pichette entend pour la première fois de sa vie quelqu'un jouer du tam-tam dans le Colisée de Québec. Il est très impressionné. Il se demande bien qui est celui qui fait résonner son instrument du haut des gradins. Et il ne se doute surtout pas que ce personnage deviendra un jour le président fondateur du fan-club de l'équipe professionnelle qui l'alignera dans le Colisée de son enfance.

Dave Pichette a un autre souvenir très particulier de Max Gros-Louis, qui remonte à sa prime adolescence. L'événement est cette fois relié aux Nordiques de Québec, avec lesquels il s'alignera de 1980 à 1984. Pichette assiste à l'un de leurs matchs locaux avec son père, détenteur de deux abonnements de saison. L'équipe fait tirer au sort un bas de Noël géant de 2000 $ entre les périodes. Son billet sort gagnant. Un document inclus dans le bas de Noël indique qu'une paire de raquettes à neige de Max Gros-Louis fait partie du prix, mais qu'elles doivent être réclamées à la boutique Le Huron, de Wendake. Il a 12 ans seulement. C'est sa première rencontre avec Oné-Onti. « J'étais très impressionné, dit-il. Quand une pareille pièce d'homme te met la main sur l'épaule, tu t'en souviens. »

Son ancien coéquipier de la Ligue nationale de hockey, Pierre Lacroix, a lui aussi entendu le tam-tam de Max Gros-Louis, d'abord comme spectateur assis dans les gradins du Colisée de Québec. Et contrairement à Pichette qui ne se souvient pas de l'avoir entendu comme joueur pee-wee lui-même, Lacroix s'en souvient fort bien. « C'est déjà très impressionnant d'entendre ce tam-tam comme spectateur quand tu as 7 ou 8 ans comme moi à l'époque, témoigne-t-il. Mais ça n'a rien à voir avec l'effet ressenti quand on est soi-même sur la glace. C'est hallucinant. »

Lacroix a ensuite croisé régulièrement Max Gros-Louis dans le vestiaire des Nordiques, de 1979 à 1982, avant de faire carrière en Europe. « Max avait un bon mot pour tous les joueurs, raconte-t-il. Il était très respecté. Il était

LE CORBEAU DE WENDAKE

toujours le bienvenu parmi nous. Et quand il jouait du tam-tam, c'était toujours spécial. Parce qu'il savait choisir les moments où faire entendre son instrument. » C'était parfois durant des moments décisifs où il donnait un sens à l'action, se souviennent sans doute de nombreux habitués des Nordiques.

Drôle de hasard, Pierre Lacroix a joué une saison pour les Mammouths de Tours, dans la première division française de hockey. Tours est cette ville où la troupe de danse Les Hurons de Max Gros-Louis a connu ses plus grands succès.

Ce dernier continue toujours de jouer du tam-tam durant le fameux tournoi pee-wee de Québec. Mais il réduit toutefois ses présences avec l'âge.

En 1971, les Nordiques de Québec voient le jour, en même temps que la défunte Association mondiale de hockey. Oné-Onti fait alors « graduer » son instrument chez les professionnels. Lors de chaque match local des Nordiques, il fait résonner son tam-tam du haut des sièges bleus de l'extrémité nord du Colisée de Québec, la section intermédiaire entre les rouges du bas, qui étaient les plus proches de la glace, et les sièges orangés du haut qui étaient les plus éloignés de la glace.

« J'ai aidé le cofondateur Marius Fortier de toutes sortes de manières, raconte son ami huron. Je suis même allé jusqu'à vendre des billets de porte-à-porte. » Il a fait exactement la même chose quand Marius Fortier a entrepris de bâtir une équipe de crosse professionnelle à Québec, en 1974, pour jouer au Colisée durant l'été. Gros-Louis suivait de près l'évolution de ce sport d'origine amérindienne en

Amérique. Il savait qui dirigeait quoi, qui jouait où. Il culti-
vait ses relations dans le milieu. De sorte qu'il a permis à
son grand ami Marius Fortier d'aligner de fameux joueurs
amérindiens dans son équipe des Caribous de Québec,
qui a notamment fait la vie très dure aux Québécois de
Montréal. Travis Cook a été l'une des grandes vedettes
amérindiennes des Caribous.

En 1979, les Nordiques accèdent à la prestigieuse Ligue
nationale de hockey (LNH), aux côtés des légendaires
Canadiens de Montréal. Oné-Onti fonde le super fan-
club des Nordiques et en devient le premier président.
Il continue de jouer du tam-tam. D'autant plus que des
joueurs amérindiens s'alignaient pour l'équipe, explique-
t-il. Il nomme entre autres le dur à cuire Chris Simon, un
Ojibwé du petit village de Wawa, en Ontario, qui a terminé
sa carrière nord-américaine avec le Wild du Minnesota
avant de s'exiler en Russie, dans la Ligue continentale de
hockey. Il évoque aussi le premier Micmac à évoluer dans
la LNH, Everett Sanipass, du Nouveau-Brunswick, qui
a passé quatre saisons avec les Blackhawks de Chicago
avant d'être échangé aux Nordiques de Québec.

Max Gros-Louis achète jusqu'à 10 abonnements de saison par année — une dépense d'environ 10 000 $ — dont
quatre sont distribués à ses meilleurs clients, tandis que
les six autres sont revendus à qui les veut bien. Mais la
demande ne fait jamais défaut.

Max Gros-Louis ne se contente pas de faire du bruit
au Colisée de Québec. Il ose même défier le Forum de
Montréal, où le hockey se transforme en guerre ouverte
entre les Canadiens et les Nordiques. Le « massacre» du
Vendredi saint, le 20 avril 1984, est notamment passé à

l'histoire comme l'une des soirées les plus sombres de tout le hockey professionnel. Max Gros-Louis était sur place. Les partisans les plus féroces des Canadiens n'aiment pas entendre le tam-tam de Max Gros-Louis dans « leur » Forum. « Il leur arrivait même de me menacer », affirme ce dernier.

Aux États-Unis, au Buffalo Memorial Auditorium, un loustic tente de voler le fameux tam-tam, dans le hall de l'amphithéâtre, avant le début du match. Son propriétaire le confie à sa conjointe Marie Roux, le temps de passer aux urinoirs. Un type passe en trombe et lui arrache l'instrument des mains. Mais il est rattrapé par le colosse Basil McRae, des Nordiques, qui lui fait rapidement entendre raison. Le type avait commis l'erreur de ne pas reconnaître McRae habillé en civil.

Au Spectrum de Philadelphie, peut-être l'enceinte la plus intimidante de la Ligue nationale de hockey à cette époque-là, Max Gros-Louis est vraiment pris à partie un soir qu'il ose encourager « ses » Nordiques à coups de tam-tam. Les partisans des Flyers y conspuent allègrement le Huron qui est forcé à plus de retenue. « Ils n'ont pas aimé qu'on ait habillé la statue de Sylvester Stallone (Rocky) du chandail des Nordiques »[10], raconte-t-il, plutôt fier de son coup.

Max Gros-Louis circule librement dans le vestiaire des Nordiques. Il placote avec les joueurs, indistinctement qu'ils soient anglophones ou francophones. Alain Côté se

---

10 Cette statue de bronze montre l'acteur Sylvester Stallone en Rocky Balboa, ses deux gants de boxe brandis en l'air en signe de triomphe. Elle a été donnée par l'acteur au prestigieux Philadelphia Museum of Art, en 1982, du fait que tous les films de *Rocky* ont été tournés dans cette ville.

souvient même que les anglophones étaient encore davantage fascinés par le personnage que les francophones. « Ils allaient plus facilement vers lui, dit-il. Paul Baxter et Curt Brackenbury, par exemple, qui disaient tous deux avoir du sang indien. »

Plusieurs joueurs des Nordiques ont visité Max Gros-Louis chez lui ou dans sa boutique. Il les reçoit chaque fois comme de véritables héros. Mais il a un faible pour le jeune Randy Moller, à son arrivée à Québec. Il l'amène même chasser avec lui ou faire de la raquette. Oné-Onti est à ce point mordu de hockey qu'encore aujourd'hui, il regarde jusqu'à trois matchs par jour à la télévision ! Randy Moller et lui ont désormais rendez-vous dans le sud des États-Unis : le premier y décrit les matchs des Panthers de la Floride à la radio, tandis que le second y passe les mois les plus froids de l'hiver.

Alain Côté n'est pas surpris d'apprendre que Max Gros-Louis possède une collection unique de bâtons de hockey de la Ligue nationale. « Chaque fois qu'il venait dans le vestiaire, il en ressortait avec un bâton dans les mains », au grand dam du responsable de l'équipement qui reprochait à Marius Fortier de faire une exception pour son ami. Il était incapable de lui refuser quoi que ce soit.

Yves Poulin, un journaliste du quotidien *Le Soleil* qui a couvert les Nordiques durant quelques années, a un souvenir très vivace du manège de Max Gros-Louis. « Très souvent, après les matchs locaux des Nordiques, dans les années 1980, raconte-t-il, on le voyait sortir du vestiaire avec plusieurs bâtons sous le bras. Je disais à la blague qu'il avait ramassé assez de bois pour finir son sous-sol ou son chalet ! »

En tant que président du fan-club de l'équipe, Max Gros-Louis ne rate jamais un match. Et de façon ponctuelle, il organise des dîners de partisans de l'équipe, dans une brasserie voisine du Colisée. Question de leur faire plaisir, il invite quelques idoles. Alain Côté se souvient d'y être allé plusieurs fois. Il dit avoir été frappé par l'aisance oratoire de l'Amérindien.

———————————

Max Gros-Louis n'a jamais joué au football. Mais voilà qu'en juillet 1991, il a un contact aussi singulier qu'inattendu avec ce sport. L'Association des anciens d'une université de Detroit l'invite avec sa conjointe Marie Roux à prononcer une conférence sur l'histoire des Hurons-Wendats. Le but est de soutenir la campagne qu'ils mènent pour empêcher que les équipes de sport de l'Eastern University of Michigan changent leur appellation de Hurons pour celui d'Eagles. Les partisans de ce dernier nom font valoir, comme principal argument, qu'il n'existe plus de Hurons en Amérique. Le clan opposé veut lui démontrer le contraire.

L'Association des anciens perd sa bataille. Et les Eagles se nomment toujours les Eagles 20 ans plus tard, confirme Edward Mullen, le responsable des communications de l'organisation. Mais ce jour de juillet 1991, en présence de Max Gros-Louis dans le stade, ils remportent leur match de football... après avoir perdu 14 fois d'affilée.

« Nos hôtes ont organisé une grande fête dont nous étions les invités, se souvient Marie Roux. Nous paradions en décapotable entre des haies d'honneur. C'était vraiment impressionnant ! » Un certificat de l'Eastern University of Michigan, accroché parmi des dizaines d'autres sur les murs de la cuisine de Max Gros-Louis, atteste la péripétie.

L'autre grande passion de Max Gros-Louis est la course de chiens. Il a déjà possédé lui-même des chiens de traîneau, des huskies entre autres, avec lesquels il a participé à de petites courses locales. Mais il a aussi entraîné des attelages de très haut calibre pour des *mushers* (meneurs de chiens) d'élite. Mais il aime par-dessus tout les courses de chiens sur piste ovale, particulièrement ces minces lévriers qui font le bonheur des pistes de l'État de la Floride. Max Gros-Louis assouvit sa passion canine principalement durant les longs mois d'hiver.

1. Le Vieux-Wendake d'autrefois, toujours reconnaissable aujourd'hui

2. Magella Gros-Louis avec ses parents, Gérard Gros-Louis et Cécile Talbot, en 1980

3. En canot avec son frère Jean-Marie et ses parents, vers 1935

4. Gérard Talbot (à droite) à la manufacture Bastien

1. Magella Gros-Louis, le boxeur, à 16 ans

2. Le frère Ludger

3. Max Gros-Louis en 8ᵉ année
(le plus grand de la dernière rangée)

Photo Roger Rainville

Photo Le Soleil

1. Avec sa femme Claire Bélair, en 1964, en costumes d'apparat

2. Claire Bélair en princesse huronne, en 1964

3. Avec sa femme Claire Bélair, en 1960

1. De gauche à droite, Max avec ses frères et sœurs en 1977 : Jean-Marie, Céline, Micheline, Bruno, Gilles et Roger

2. Les enfants de Max, en 1985 : Alain, Mario, Kino, Line et Isa

3. Avec son frère Jean-Marie en 1976, alors gérant du Conseil de bande de Wendake

1. Dans sa maison, à 35 ans

2. Le grand chef, au même âge

3. Avec la crosse emblématique de la sagesse amérindienne, à 57 ans

4. Porté en triomphe par ses partisans, après sa réélection comme grand chef de Wendake, en 1978

1. La traditionnelle cérémonie de la Purification, en 2008

2. Louisette Gros-Louis, la sœur de Max, avec la troupe de danse Les Hurons, en 1964

3. La danse de l'aigle, avec Max Gros-Louis à droite

1. En arbitre (à gauche), lors d'un concours de portageurs des Jeux amérindiens, en 1968

2. À gauche, lors d'un tournoi de tire au renard des mêmes Jeux, en 1968

3. Une danse huronne-wendate lors du pow-wow de Wendake, en 2006

1. Avec un panache de caribou qu'il vient d'abattre, en 2004

2. Le pêcheur au saumon invétéré

3. Avec deux coyotes abattus en Alberta, en 2006

1. Avec sa conjointe Marie Roux, jouant du tam-tam au Colisée de Québec durant un match des anciens Nordiques, en 2008

2. Avec l'Atikamekw Arthur Quoquochi en 2009, recordman (sept buts, quatre assistances) du Tournoi de hockey pee-wee de Québec en 1962

3. Avec Marius Fortier, cofondateur des défunts Nordiques de Québec

4. Avec Anton Stastny, un membre du célèbre trio des frères slovaques des Nordiques de Québec, et sa compagne

Photo *Le Soleil*

Sur les Champs-Élysées le 5 mars 1981 avec le grand chef mohawk Andrew Delisle (à gauche) et l'Ojibwé Dale Riley, alors président de la Fraternité des indiens du Canada

1. Prononçant une homélie dans la cathédrale d'Udinese, en Italie

2. Avec le jeune Belge Philippe Manandise, en 1993

Avec le pape Jean-Paul II à Rome, en 1981, lors de la béatification de Kateri Tekakwitha

4. Avec Bill Clinton et Jean Charest, en 2009

5. Avec Jacques Chirac (à gauche) et Jean Pelletier, en 1984

Pour mon ami Max
en souvenir d'un fidèle admirateur
Serge

1. Avec Joe Dassin

2. Avec Tex Lecor

1. Avec Gilbert Bécaud

2. Avec Céline Dion, lors de la remise d'un doctorat honorifique à la chanteuse par l'Université Laval, en août 2008

3. Avec Serge Lama

1. Avec René Lévesque, le 15 mars 1983 à Ottawa, lors d'une rencontre entre le gouvernement canadien et les provinces sur les affaires autochtones

2. Avec l'ancien premier ministre du Canada, Pierre Elliott Trudeau

3. Avec Jean Chrétien, ex-premier ministre du Canada qui a aussi été ministre des Affaires indiennes et du Nord canadien

1

1. Lors d'une cérémonie du 400ᵉ anniversaire de fondation de la Ville de Québec, au printemps 2006. De gauche à droite : le président du comité organisateur des Fêtes, Jean Leclerc; le maire de Québec, Régis Labeaume; le premier ministre du Canada, Stephen Harper; la gouverneure générale du Canada, Michaëlle Jean; le premier ministre du Québec, Jean Charest; Max Gros-Louis; le premier ministre de France, François Fillon; et le délégué français aux Fêtes du 400ᵉ, Jean-Pierre Raffarin

2. Lors d'une marche amérindienne, à l'été 2008, à l'occasion du 400ᵉ anniversaire de fondation de la Ville de Québec. Max Gros-Louis est accompagné du président de l'Assemblée des Premières Nations du Canada, Phil Fontaine (chemise jaune), et du chef régional du Québec et du Labrador au sein de la même organisation, Ghislain Picard

2

1. Avec sa conjointe Marie Roux dans leur maison de Wendake, décorée d'une imposante collection de fourrures

2. Devant le tipi de bois qui sied toujours derrière sa maison, en 2006

3. Sur les rives de la rivière Kabir Kouba à Loretteville, en 2006

4. Max Gros-Louis en costume d'apparat, celui qu'il revêt pour certaines cérémonies et pour les grandes sorties officielles. Son panache est la coiffe du grand chef, typique de la tradition huronne-wendate.

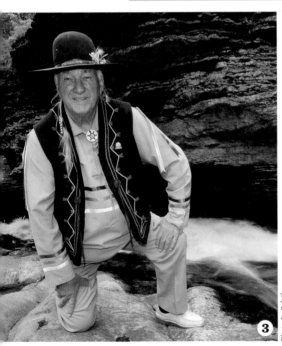

CHAPITRE IV

LE COUREUR
DES BOIS

QUAND MAX GROS-LOUIS N'EST PAS DANS LA FORÊT,
LA FORÊT EST CHEZ LUI.

DANS LES ANNÉES 1970, il possède un ours noir attaché à un poteau dans la cour de sa maison, avenue Émile-Picard à Wendake, comme d'autres ont un chien, un chat ou une chèvre. Une Innue de Mashteuiatsh, au Lac-Saint-Jean, lui avait offert un ourson en cadeau. « Je l'ai tué à un an pour en faire un tapis, raconte Oné-Onti. L'ourson était devenu un ours dangereux. »

Il a déjà possédé également une volière, un chevreuil et un renard dans cette même cour. Puis, dans la maison, un raton laveur, une mouffette, un singe baptisé Tobi. Et il a gardé jusqu'à l'automne 2011, un chardonneret en cage qu'il faisait chanter presque au doigt, mais dont la possession est interdite par une loi québécoise sur les oiseaux migrateurs. « Je n'étais pas au courant que c'est interdit, réplique narquoisement le corbeau de Wendake. Cet oiseau était mon ami. La preuve, c'est que je le laissais souvent sortir et qu'il revenait tout le temps à la maison. »

Sa maison musée renferme plus d'une cinquantaine de reliques d'animaux, de poissons ou de différents oiseaux, généralement des espèces naturalisées. Mais ce peut-être aussi des peaux, des queues, des ossements, des arêtes, des plumes, du poil ou des dents.

———

Gérard Gros-Louis, le père, s'était bâti un camp en bois rond sur le bord de la rivière Saint-Charles, non loin de Wendake. Les inséparables frérots, Max et Jean-Marie, ont à peine quatre ou cinq ans lorsque chaque week-end, leur paternel les amène remonter et descendre la rivière en canot avec leur mère. Ils apprennent à pêcher en même temps qu'à avironner.

Un peu plus tard, dans des ruisseaux des alentours, ils trappent des écureuils et des rats musqués, dont ils vendent la peau 24 $ l'unité. « Un automne, on a capturé 250 écureuils », raconte Jean-Marie Gros-Louis.

Les jeunes Gros-Louis n'utilisent pas que les pièges à trappage. « Je me souviens d'avoir tué des écureuils, des perdrix et des lièvres au *sling shot*, affirme Max Gros-Louis. Même, une fois, un renard qui mangeait un lièvre pris dans l'un de mes pièges. »

Gérard Gros-Louis retire parfois ses fils aînés de l'école pour les emmener à la chasse, durant la saison des oies blanches et des canards; à la pêche, lorsque les saumons remontent les rivières; dans les bois en plein hiver pour leur enseigner l'art du trappage, du piégeage des rats musqués et des visons sauvages, et du castor à la fonte des glaces. Il leur apprend aussi à poser des collets de lièvres et de chevreuils, de même qu'à *caller* l'orignal, cette pratique qui consiste à imiter le cri de la femelle en chaleur pour attirer les mâles attendus au bout du fusil.

Les religieuses de l'école Notre-Dame du Perpétuel Secours n'apprécient pas et le font savoir. Vous ne sortirez jamais de votre condition de « sauvages », disaient-elles aux fils Gros-Louis. « Et vos parents vont connaître les foudres de l'enfer. »

Max Gros-Louis estime que les classes de neige du vendredi, dans les écoles d'aujourd'hui, ne sont pas très loin de donner raison aux Amérindiens de l'époque. En plus, dit-il, « ces classes de neige ne sont destinées qu'à oxygéner les poumons de nos jeunes et à les entraîner aux sports d'hiver, alors que nos buts étaient de montrer à nos enfants comment on gagne sa vie, de leur donner cet apprentissage de la lutte pour l'existence ».

Chaque fois qu'un enfant Gros-Louis abat ou se prépare à abattre un animal, le père lui demande : « Pourquoi veux-tu le tuer ? » « Il n'était pas question de tuer pour tuer », dit le fils aîné.

Max Gros-Louis tue son premier orignal à 12 ans dans la vallée de la rivière Jacques-Cartier, au nord de la réserve de Wendake. Il demande à un ami possédant un petit camion de les transporter là, lui, son ami Robert Brownfield et leur canot. Ils y dressent leur tente, s'y installent, vont et viennent. Tout à coup, Brownfield, excité, rentre sous la tente et dit à Max Gros-Louis qu'il y a un orignal devant la tente. « Je suis sorti et j'ai tué la femelle sur-le-champ avec ma carabine de guerre de calibre 42 et une balle grosse comme le pouce. »

Les deux adolescents débitent la bête. Max Gros-Louis marche jusqu'à la route 175 y faire de l'auto-stop pour se rendre à Notre-Dame-des-Laurentides et téléphoner à son ami propriétaire du petit camion. « Nous avons emprunté toutes sortes de routes secondaires pour ne pas nous faire prendre », raconte le Huron. Tuer une femelle était interdit. Et chasser sans adulte à 12 ans devait bien l'être aussi, s'est dit Oné-Onti.

Max Gros-Louis n'a jamais cessé de chasser et de trapper. Il le fait partout où il est susceptible de lever du gibier, y compris en Alberta où il est propriétaire d'une grande maison tout en bois à Wildwood, pas très loin de chez son fils aîné Alain, qui vit dans l'Ouest canadien depuis environ 35 ans.

Max Gros-Louis ne peut se souvenir du nombre d'animaux abattus ou pris au piège durant sa vie. Pas plus qu'il ne peut se souvenir du nombre de poissons capturés. Mais même aujourd'hui, sa soif de chasse et de pêche est toujours vive.

Certains Blancs disent attraper la maladie de la chasse quand arrive l'automne. « Pour nous, dit Max Gros-Louis, l'automne signifie la chasse en famille, une fête qui devient une espèce de rituel sacré. Mais la maladie de la chasse, je l'ai à longueur d'année. Si je n'avais pas de viande sauvage dans mes congélateurs, je trouverais le moyen d'aller m'en chercher. »

Il y a la maladie de la chasse. Mais il y a aussi celle de la trappe qui, par exemple, frappe « puissamment » Jean-Marie Gros-Louis chaque automne et chaque printemps (la loi québécoise prévoit deux saisons de trappe par année). Le jour d'une entrevue pour ce livre, le frère cadet de Max avait capturé six rats musqués au piège sur le bord de la rivière, pas très loin de chez lui. C'est sa récolte presque quotidienne. Les peaux de rats musqués se vendent aujourd'hui entre 4 $ et 5 $. La martre est le petit mammifère sauvage du Québec qui se vend actuellement le plus cher : entre 50 $ et 60 $ la peau.

77

À 16 et 15 ans seulement, Max et Jean-Marie Gros-Louis deviennent guides à 7 $ par jour au prestigieux club de chasse et pêche La Seigneurie du Triton, dans le Parc national de la Mauricie. Le club est surtout fréquenté par de riches et célèbres Américains comme Franklin D. Roosevelt, ex-président des États-Unis, et John D. Rockefeller, magnat du pétrole.

« Je parlais juste un peu l'anglais, dit Max Gros-Louis. Mais c'était suffisant pour la tâche. *Pitch over there! Don't shoot right now!* On se comprenait. » Son frère Jean-Marie dit n'avoir jamais tant ri d'entendre Max baragouiner l'anglais. « De mon côté, je disais toujours *a little bit*. Ce sont les seuls mots de cette langue que je connaissais. »

Un jour du printemps 1948, Jean-Marie Gros-Louis a comme client Henry Colgate, le fils de Samuel Colgate, le richissime patron de Colgate-Palmolive, tandis que son aîné guide un baron international de l'encre. Jean-Marie dit à Max que ce dernier veut un gros panache d'orignal. « Il l'a eu! s'exclame Oné-Onti. Si nous guidions quatre chasseurs, ils abattaient quatre orignaux. Je me souviens d'en avoir vidé 19 dans le même automne. »

Max Gros-Louis guide un jour un client sur la rivière Batiscan, dans la région de Portneuf. Il le prévient de préparer son fusil quand il fera bouger le canot. Lorsque le canot oscille, « l'autre est tellement excité qu'il s'empare de son aviron pour tirer l'orignal! rigole Oné-Onti. Un autre choisit de décharger son fusil tellement il est incapable de tirer ».

Sur la même rivière qui recèle des truites mouchetées de trois kilogrammes capables de secouer son homme, « un pêcheur a eu la lèvre coupée lorsqu'un poisson a tiré sur la ligne qu'il avait eu le malheur de tenir dans sa bouche! » se rappelle aussi le corbeau de Wendake.

Ces riches clients blancs traitent généralement leurs guides avec respect, parce qu'ils ont intérêt à le faire. « Mais pour certains archimillionnaires, nous n'étions rien d'autre que des esclaves, dit Max Gros-Louis. Et alors, ceux-là, comme par hasard, pêchaient toujours là où ça ne mordait pas !» Les « talles » des guides de pêche sont aussi sacrées que les talles de bleuets pour leurs cueilleurs. « Par exemple, illustre Oné-Onti, quand on pêchait dans le lac Pikauba et qu'un autre guide me demandait où nous avions pris nos poissons, je répondais : *Dans le lac.* » Ce lac de la Réserve faunique des Laurentides mesure 12 km de long !

Le lac Pikauba fait partie de l'immense territoire de la célèbre pourvoirie Les Portes-de-l'Enfer, où les frères Gros-Louis ont également été guides de pêche. « Je guide un jour deux gros riches de Québec qui me commandent de leur faire capturer des grosses truites de plusieurs livres. J'ai beau leur dire que dans ces lacs, il n'y a que des petites truites d'une livre ou une livre et demie, ils insistent. Et voilà qu'ils voient tout à coup sauter une énorme truite pas très loin de l'embarcation. »

— Tu nous as dit qu'il n'y a pas de gros poissons, ici !

— Alors, attrapez-le, c'est tout !

« Ces gars-là étaient tellement baveux que de retour au chalet, j'ai garroché dans le bois les steaks prévus au menu et leur ai fait bouffer des *binnes*... »

À l'automne 1963, Ghislain Gagnon, fondateur du Zoo sauvage de Saint-Félicien, au Lac-Saint-Jean, monte sa tente sur une île de la rivière Mistassibi, dans la même région; celle-ci a été rebaptisée la rivière aux Foins par les Français. Lui et son partenaire de chasse aperçoivent tout à coup trois gaillards détrempés qui s'amènent vers eux en canot. Ils les aident à accoster. Ils les accueillent dans leur tente, leur prêtent des vêtements secs que ces derniers promettent de rendre au retour et leur offrent un verre de triple sec. « Une boisson qui réchauffe son homme », dit Gagnon.

Les cinq chasseurs fraternisent tout naturellement, bavardent de choses et d'autres et se présentent à la sauvette, sans parler de leur statut. « C'est drôle à dire, mais je ne savais pas qui était Max Gros-Louis à l'époque », confie Ghislain Gagnon. Trois jours plus tard, le trio du canot repasse par l'île avec un orignal à bord. Les occupants rendent les vêtements prêtés en échange des leurs avant de poursuivre leur route. « J'ai réalisé après coup que je n'avais pas croisé n'importe qui cette journée-là, raconte Gagnon. Nous nous sommes revus deux fois par la suite et nous avons vraiment sympathisé. »

Les deux hommes collaborent l'année suivante à un échange avec un parc d'animaux en France. Gros-Louis et sa troupe de danse Les Hurons traversent l'océan Atlantique en avion avec, à bord, un chevreuil, un lynx, des couples de castors, de ratons laveurs, de porcs-épics, de rats musqués et de lièvres, plus 42 truites mouchetées typiques des lacs québécois. En retour, ils doivent revenir au Québec avec des animaux étrangers, dont possiblement un éléphanteau.

« Mais tout a *foiré* lorsque le maire de Saint-Félicien, Alfred Hamel, est allé se péter les bretelles devant des journalistes, regrette Max Gros-Louis. On avait arrangé cette opération entre nous, sans faire de bruit. Hamel a tout *scrapé* en rendant l'échange public. Ça nous aurait

coûté une fortune de ramener les animaux français avec
nous. » Les bêtes québécoises sont donc restées là-bas, en
retour de rien du tout.

Ghislain Gagnon affirme qu'il a plus tard envoyé aussi des
loutres au Zoo de Vincennes, à Paris. « Je m'en souviens à
cause de toute la préparation que j'y avais mise, raconte-
t-il. Pour être sûr qu'elles survivent au voyage, j'avais
minutieusement préparé leurs cages et rédigé les instruc-
tions d'alimentation et de conditions de vie. »

———————

Mais Max Gros-Louis ne se retrouve pas toujours dans
le bois par plaisir. Il lui arrive de s'y retrouver en situation de survie.

Au printemps 1951, à 20 ans, il se retrouve chômeur, à
Montréal, lorsque son employeur, la Canadian Car, achève
un important contrat de construction de wagons de chemin de fer. Il ira là où il y a du travail, comme toujours. Il
quitte la grande ville pour le Nord-Ouest québécois avec
à peine une escale à Wendake, le temps de recruter ses
futurs compagnons de travail.

À cette époque, au Québec, il y a toujours des arpenteurs,
des ingénieurs ou des géologues à la recherche d'Amérindiens pour les guider et les aider à mater la forêt sauvage.
L'arpenteur De Merville Croteau, que Max Gros-Louis
décrit comme « un bonhomme de ma grandeur amanché
comme ça », a besoin de sept Amérindiens pour un contrat
de six mois. Une fois recrutés par le Huron, les hommes
s'entassent dans la Jeep du boxeur Fernand Simard, le

cuisinier du groupe, avec des bagages sur le toit et plein le coffre arrière. Cap sur Chibougamau !

Des mines viennent d'être ouvertes dans cette région située entre le lac Saint-Jean et la baie James. Aucune voie de transport – ni routière, ni ferroviaire, ni aérienne – ne permet d'aller plus à l'ouest ou plus au nord de Chibougamau. Seul l'hydravion peut s'y aventurer, grâce notamment à la myriade de lacs qui s'y trouvent. Peu de Blancs s'y sont déjà rendus, à part quelques coureurs des bois alors aidés par les Amérindiens.

L'arpenteur Croteau et son assistant ont la tâche de diviser 25 000 km^2 en cantons. Il faut effectuer des relevés topographiques et déboiser des lignes forestières. Max Gros-Louis a été choisi pour sa capacité à se faufiler partout, en même temps que les six autres Hurons-Wendats engagés aussi comme aides-arpenteurs. Ces exigeants travaux doivent absolument être exécutés en six mois, à partir d'avril. Pas question qu'un seul homme quitte le chantier pour visiter les siens plus au sud. Salaire : 7 $ par jour.

L'équipe est accueillie à l'hôtel Chibougamau par l'arpenteur et son assistant. La moitié des hommes, dont Max Gros-Louis, s'envolent le lendemain matin dans un hydravion de brousse qui part de la Baie Cachée pour se rendre sur un lac du canton Brognard, 145 km plus au nord. À cette latitude, il y a encore de la glace sur le bord du lac. L'hydravion s'immobilise à environ 50 m de la rive dans un récif dont ne se méfie pas le pilote, peu habitué à de pareilles conditions.

Alors que les autres se demandent bien quoi faire, Max Gros-Louis et deux autres Amérindiens « se mettent en bobettes » et se jettent dans l'eau glacée du lac pour aller tirer l'hydravion de ce mauvais pas. Les Blancs auraient figé sur-le-champ, croit Oné-Onti. « Sans être nommé, j'étais tout de suite devenu le chef d'équipe de l'expédition. C'était toujours ainsi que ça se passait. » Et le devoir d'un chef d'équipe, c'est de trouver des solutions et de prendre l'initiative de les appliquer.

L'oiseau de métal est finalement ramené à la rive à l'aide de cordages tirés par les trois braves. Les réparations sont effectuées. Et, au bout de deux jours, il peut retourner quérir le reste de l'équipe qui se fait du mauvais sang à Chibougamau.

La première équipée de quatre hommes a apporté des provisions pour une journée seulement. Personne n'avait pu prévoir la panne d'hydravion. Il y a donc pénurie de nourriture dès le départ. Mais Oné-Onti prévoit toujours le pire : lui et ses compagnons ont réussi à soustraire une carabine 22, des pièges à trappe et des agrès de pêche à la fouille des gardiens de la route 175, dans le Parc des Laurentides.

À l'époque, chaque véhicule était contrôlé aux trois extrémités du Parc, à Stoneham-et-Tewkesbury du côté de Québec, à Laterrière du côté du Saguenay et à Hébertville du côté du Lac-Saint-Jean. Les Amérindiens risquent d'être fouillés à tout coup. Max Gros-Louis le sait. Il cache donc une arme démontée sous ses vêtements. Il apporte aussi quelques agrès de pêche rudimentaires. Deux autres Hurons camouflent des cartouches pour quatre mois de chasse tandis que les quatre derniers dissimulent chacun un piège à trappage.

La solution la plus rapide est la pêche, au moyen des deux canots de toile et du petit moteur hors-bord apportés dans l'expédition. Aux quelques agrès prévus par Max Gros-Louis, les Hurons ajoutent une espèce de sagaie en bois fabriquée au couteau, laquelle pourrait être fort utile, sait-on jamais. Dans les cours d'eau où on s'adonne peu à la pêche, le moindre attirail peut réussir des prodiges. Et c'est ce qui se produit ce jour-là : dorés et brochets grillés seront au menu en abondance.

L'équipe travaille dur, bivouaque et dort sous la tente. Un jour, le cuisinier se donne un terrible coup de hache sur un pied en voulant couper du bois pour le feu. Il doit être transporté dans un hôpital. Les arpenteurs savent qu'un poste de recherche géologique avec radio émetteur est installé à une vingtaine de kilomètres de là. Max Gros-Louis et un camarade se portent volontaires pour s'y rendre en canot, quitte à portager lorsqu'il le faudra.

« Nous avons avironné deux heures pour traverser un grand lac, raconte Max Gros-Louis. Puis, nous avons marché environ une heure avant de voir un hydravion se poser sur un lac pour y déposer des travailleurs forestiers. » Le pilote comprend l'urgence de la situation et reprend tout de suite son vol. Au retour de leur expédition, Max Gros-Louis et son camarade sont heureux de constater que le blessé a déjà été emmené en hydravion.

L'arrivée à la taïga signifie pratiquement la fin du gibier et de l'eau potable. Il faut faire bouillir l'eau des marais avant de la consommer. L'équipe a la chance de croiser des Cris qui ont la bonté de lui donner des filets d'esturgeon des bois et de la viande fumée d'orignal et d'ours, en échange de boîtes de corned-beef dont ils n'ont vraiment plus envie. Mais les temps sont durs. Ils devront trouver autre chose.

C'est là que survient la prise qui constitue le record à vie de Max Gros-Louis le pêcheur. Un Huron grimpe au sommet d'un arbre pour scruter l'horizon. Il aperçoit un lac à quelques kilomètres de distance. Max Gros-Louis propose d'aller y pêcher en canot avec un camarade, en utilisant les mêmes agrès que les premières fois. Mais il aura raison de ne surtout pas oublier sa carabine 22.

Le canot est mis à l'eau. Les dorés et les brochets s'empilent dans l'embarcation lorsque tout à coup, celle-ci s'arrête sec, comme si l'hameçon était accroché au fond du lac. Mais Oné-Onti aperçoit plutôt un brochet d'environ 1,5 m au bout de sa ligne. Impossible de tirer pareille prise avec son attirail de fortune. Il saisit aussitôt la carabine qui est à ses pieds et atteint le brochet d'une balle à la tête. Le poisson pesait un peu moins de 20 kg, affirme-t-il.

La taïga était déjà dure, voilà que l'expédition atteint la toundra, encore plus au nord. Et il y a maintenant un mois que l'hydravion de ravitaillement ne s'est pas manifesté. « C'est vraiment la grosse misère noire, dit Max Gros-Louis. Les gars sont tendus et irritables. Ils se battent quasiment entre eux pour pouvoir manger. En plus, ils se font dévorer par les moustiques. »

Ils doivent couvrir chaque centimètre carré de leur peau pour faire obstacle à de grosses mouches noires. Pour se protéger la tête, ils se fabriquent des sacs de tulle, une sorte de voile de mariée sous lequel les hommes étouffent de chaleur.

Max Gros-Louis abat quelques perdrix et quelques lièvres avec sa carabine. Mais il doit les cuisiner lui-même,
tout comme le poisson d'ailleurs. Celui qui a officiellement
remplacé le cuisinier Fernand Simard a tellement peur
des ours noirs qu'il passe pratiquement sa journée grimpé
aux arbres !

Le secteur est parsemé de très grands lacs, où les vents
sont parfois si violents qu'il est très difficile de mettre à
l'eau un canot muni d'un moteur. Les hommes attendent,
englués dans la vase, que le temps se calme. Une journée
qu'il pleut à verse, mais sans vent, l'équipe se divise en
deux pour les besoins d'exploration des nouveaux lacs de
plus en plus grands qui apparaissent sans cesse sur son
chemin. Cinq hommes sont laissés dans une baie, tandis que Max Gros-Louis et les trois autres repartent en
canot parcourir un lac voisin. L'équipe a rendez-vous au
même endroit un peu plus tard dans la journée.

Le Huron estime qu'en faisant du portage, son quatuor
peut revenir plus rapidement dans la baie du premier lac
où attend l'autre partie de l'équipe. Une carte sommaire
dont il dispose indique qu'une bande de terre relativement
étroite sépare les deux cours d'eau. Surprise ! Les camarades ne sont pas là. Se sont-ils déplacés ou Max Gros-Louis
s'est-il mal orienté ?

« Nous avons finalement refait le portage en sens inverse
pour revenir par le même parcours de canot, raconte-t-il.
Nous avons retrouvé nos amis le lendemain seulement,
enfouis sous des branchages de sapin, complètement tran-
sis et affamés. La pluie les avait empêchés d'allumer un
feu. J'ai étendu une bâche pour les abriter. J'ai réussi à
allumer un feu pour les réchauffer et les faire manger. Il a

fallu nous excuser plusieurs fois pour nous faire pardonner notre mésaventure. »

— Vous ne vous êtes jamais senti parfois découragé, lors de cette expédition ?

— Je ne me suis jamais découragé de toute ma vie. Comme je n'ai jamais eu peur de quelque chose.

La pluie cesse. Quelques talles de bleuets et, surtout, une immense plantation de framboisiers découverte contre toute attente permettent de tenir le coup et de poursuivre le travail d'arpentage et de défrichage.

Un bon jour, l'arpenteur aperçoit un filet de fumée au loin. Toute l'équipe se rue en sa direction et tombe sur des pelures de pomme et d'orange qu'ils avalent goulûment, en même temps que quelques restes de pain.

Max Gros-Louis scrute attentivement l'horizon et détecte un point lumineux situé à une distance accessible à pied, estime-t-il. Il prend la route en compagnie d'un camarade. Deux heures plus tard, le duo débouche sur le feu de camp de prospecteurs miniers qui se préparent à poursuivre leur chemin. « Pendant que l'arpenteur jase avec eux, je leur dérobe un couple de gros jambons et des boîtes de conserve. »

L'équipe apprend entre-temps que son pilote est tombé malade six semaines plus tôt et que son remplaçant a été incapable de la localiser. Le tout est corrigé lorsque le pilote de l'hydravion des géologues communique avec lui. Max Gros-Louis et ses camarades sont ramenés le lendemain à la base de la Baie Cachée, où un festin les attend et où le directeur de la compagnie d'aviation se confond en excuses pour la maladie de son pilote.

L'expédition allait se terminer comme elle avait commencé : par un problème de transport. La Jeep avec laquelle les Hurons étaient venus de Québec à la Baie Cachée n'était plus là. Son propriétaire, le cuisinier transporté à l'hôpital lors de l'épisode du coup de hache, l'avait récupérée pour rentrer chez lui.

Pas question de dépenser l'argent si durement gagné pour prendre un avion, conviennent les Hurons. Max Gros-Louis aborde tous les gens ayant une automobile afin de trouver une solution. Il parvient finalement à une entente avec le propriétaire d'un vieux taxi sensible au problème des Hurons. Ils repartent vers Roberval l'auto chargée jusqu'au plafond. Ils prennent ensuite le train pour retourner dans leur réserve de Wendake, en octobre 1952.

———

La chasse ne rime vraiment pas toujours avec plaisir. Le 11 mai 1992, deux gardes-chasse du ministère québécois du Loisir, de la Chasse et de la Pêche interceptent Max Gros-Louis et son fils Kino alors qu'ils chassent l'oie sur le bord du fleuve Saint-Laurent, à la hauteur de Boischâtel. Ils ont déjà tué deux oies dont la chasse est interdite au printemps. Les deux Hurons-Wendats se voient donc remettre un constat d'infraction.

Mais le père plaide qu'une loi fédérale permet aux Hurons de chasser l'oie en tout temps sur leur territoire. Il ajoute même avoir tué cinq autres bipèdes le samedi précédent. Et il déclare qu'il continuera de chasser à sa guise, malgré les contraventions. « Vous devriez lire les lois avant de *bâdrer* le monde », leur dit Max Gros-Louis.

Un porte-parole du Ministère soutient qu'aucune nouvelle entente n'a été conclue à propos des droits de chasse des Hurons. Les deux Gros-Louis sont poursuivis devant les tribunaux. Mais le gouvernement retire finalement sa plainte, 6000 $ de frais juridiques plus tard sortis de la poche de Max, selon ce qu'affirme ce dernier.

Max Gros-Louis est intercepté de nouveau un peu plus tard, cette fois pour ne pas avoir amené un chien en mesure de rapporter les oies tuées légalement. La loi interdit en effet d'abandonner le gibier tué à la chasse. Mais la réplique du Huron aux gardes-chasse ne se fait pas attendre, raconte-t-il. « Il peut fort bien arriver qu'une oie tuée au vol finisse par tomber au beau milieu du fleuve, ou même de l'autre côté. Si vous êtes capables d'aller la chercher à la nage, allez-y. Moi, je ne connais pas un seul chien au monde qui en serait capable ! »

Les deux gardes-chasse décident de rester sur place à regarder chasser les deux Gros-Louis. « Je leur ai dit que mon fusil tirait croche et que c'était dangereux pour eux, affirme Max. Ils ont préféré déguerpir. »

Max Gros-Louis refuse qu'un gouvernement blanc dicte les droits de chasse et pêche des Premières Nations. « Il n'est pas normal qu'un Indien ne puisse faire du trappage autrement que par tirage au sort, plaide-t-il notamment. Ça n'a pas de maudit bon sens que nous soyons obligés d'aller aux États-Unis pour exercer nos droits ! »

Le 7 avril 1995, Max Gros-Louis et son fils Kino ont de nouveau affaire aux gardes-chasse alors qu'ils viennent d'abattre une oie sur le quai de Lotbinière. Un constat d'infraction leur est remis. Mais les gardes-chasse ne saisissent ni l'oie morte, ni les armes des chasseurs ainsi que le veut la pratique quand un chasseur blanc commet le même délit. Ils répétaient en cela la conduite adoptée le 11 mai 1992, comme s'ils étaient plus ou moins sûrs de leur coup. Les Gros-Louis n'ont jamais été condamnés là non plus. Aujourd'hui, les Hurons-Wendats peuvent chasser l'oie blanche et la bernache du Canada — aussi appelée « outarde » — toute l'année durant.

La seule et unique fois où Max Gros-Louis a dûment payé une amende pour avoir présumément enfreint une loi des Blancs est survenue le 11 août 1973, pour avoir canoté sur la rivière Saint-Charles, près de la prise d'eau de la Ville de Québec. Il a payé 50 $. Ce qui a été une sorte d'investissement, commente-t-il, puisque « le maire de Québec, Gilles Lamontagne, a par la suite légalisé le canotage à cet endroit. »

—
90

———————

Max Gros-Louis ne fait pas qu'aimer les animaux vivants. Il aime aussi les abattre et s'en nourrir. « C'est dans notre nature profonde de chasser, insiste-t-il. Je ne tue pas pour le sport, je tue pour manger. »

— Mais les boucheries vendent de la viande, non ?

— Je n'ai pas envie de manger du bœuf aux hormones.

L'importance de manger du gibier est telle chez les Hurons-Wendats qu'une initiative communautaire est, par exemple, destinée à faire découvrir et aimer la viande d'orignal à tous ceux qui ne chassent pas. Une chasse communautaire à l'orignal est organisée chaque automne. Puis, la viande est distribuée gratuitement au début de décembre à ceux qui viennent en prendre possession à l'endroit désigné.

Max Gros-Louis ouvre son congélateur et exhibe des poitrines d'oies blanches fraîchement abattues sur les rives du fleuve Saint-Laurent, près de Québec. Et alors, il ne parle même plus de tuer : il parle de récupération, voire de recherche scientifique. « Quand j'abats une oie baguée, dit-il, j'envoie chaque fois la bague au Service canadien de la faune ou à l'United States Geological Survey, selon ce qui est inscrit dessus. » Il fait voir un autre certificat accroché à son mur : *Oie des neiges mâle, née en 2004 ou avant à Mount Thule, Nunavit, Canada, tuée à Lotbinière, le 9 mai 2008.*

Max Gros-Louis affirme donner souvent son gibier à des concitoyens démunis. « Il m'arrive d'arranger mes oies dans le garage, les portes ouvertes, dit-il. Ce n'est pas long que se pointe quelqu'un. Je donne de la viande d'oie aux personnes âgées, aux femmes seules, aux familles démunies. »

Les Gros-Louis chassent comme ils respirent. « Un jour que je me retrouve avec lui dans le Maine, se souvient sa fille aînée Line, mon père me donne subitement un fusil et je me mets tout naturellement à tuer des perdrix. » « J'ai montré rapidement à tous mes enfants comment chasser, pêcher, trapper, tendre des collets, dépecer les proies et s'orienter en forêt, affirme Max Gros-Louis. Alain était le meilleur de tous et l'est resté. »

Avant de le faire chez lui, au Québec, Oné-Onti se rend très souvent chasser et trapper dans les forêts du Maine, où il détient un permis de trappe. Il y amène parfois ses enfants. « À 20 ans, mon père m'a amené chasser dans le Maine, raconte son fils Kino. Je m'en souviens particulièrement parce qu'il trônait. Je devais lui enlever ses bottes et rentrer son bois. » C'est alors la tradition chez les Hurons-Wendats, explique-t-il. Les enfants servent le père et se font plus tard servir à leur tour par les leurs.

C'est sa fille Isa, la dernière de la famille, qui raconte, cette fois. « Je crois avoir chassé pour la première fois avec mon père à l'âge de neuf ans, une chose que j'adore faire avec lui depuis. C'est une opportunité pour mon père de transmettre la culture et les valeurs (des Hurons-Wendats), mais c'est aussi une des seules occasions où nous sommes seuls ou en famille. C'est un temps magique ! »

À la chasse comme ailleurs, « Max était le coq », dit son frère Jean-Marie, qui a été pratiquement son ombre toute sa vie. « Je le suivais partout pour ramasser son gibier. Il avait besoin de moi et j'avais besoin de lui. »

Durant plusieurs automnes, Max et Jean-Marie Gros-Louis louent un chalet de chasse pour un mois dans le Maine. Ils y tuent des chevreuils et y trappent la martre avec leur ami Michel Picard, qui a été petit chef du Conseil de bande de Wendake durant 14 ans. Les trois hommes chassent régulièrement ensemble.

Jean-Marie Gros-Louis possède par ailleurs un chalet à Armstrong, en Beauce, tout près du Maine. Son frère Max et Michel Picard l'y accompagnent souvent, particulièrement l'hiver, en dehors de la saison de chasse. « Il nous arrivait de nous y retrouver deux fois par semaine, raconte cet ancien pompier de Loretteville. Nous chassions les chevreuils avec des caméras. Parfois, par troupeaux de 10-15. Il y avait des pistes jusque sur la galerie.»

———————

Max Gros-Louis a eu le bonheur de tomber amoureux d'une dame propriétaire d'un très confortable pavillon de chasse en forêt, avec permis de trappe. Marie Allard, alias Marie Roux, sa conjointe actuelle, possède ce domaine sur les terres du Séminaire de Québec, entre Saint-Ferréol-les-Neiges et Saint-Tite-des-Caps, dans la région de Charlevoix.

Son conjoint trappe aussi, bien sûr. Mais si quelqu'un lui pose des questions, «je lui réponds que je suis aide-trappeur», se moque Max Gros-Louis.

C'est exactement ce qu'il fait, le 23 octobre 1988, lorsqu'il est pris en train de trapper sur le territoire de sa conjointe par des agents de la faune. « Je suis aide-trappeur pour la dame qui détient le permis de trappe », leur explique-t-il. Sauf que la saison de chasse doit ouvrir le 25 octobre seulement, selon ce que rappelle alors le quotidien *Le Soleil*. Mais il rétorque s'être fait dire par des fonctionnaires du Ministère que la saison ouvrait le 18.

Max Gros-Louis est encore une fois l'objet d'une poursuite qui n'ira nulle part. Il en profite néanmoins pour se dire victime de harcèlement en donnant pour preuve que sa compagne de chasse n'a pas été dérangée par les gardes-chasse. Le Ministère réplique que la dame n'a pas été

arrêtée parce qu'elle était alors assise dans une camionnette relativement éloignée du lieu de piégeage.

La dame en question est, bien sûr, Marie Roux. Et ce
ne sera pas la seule fois qu'elle sera bien au chaud dans
une camionnette, loin d'un piège à trappe. Un jour, son
conjoint se prend les deux pouces dans un piège à castor en voulant y dégager une martre qui s'y était fatale-
ment aventurée. Il aurait été bien content que sa chère
Mme Roux puisse répondre à ses appels à l'aide. Mais elle
ne peut l'entendre. Elle écoute de la musique à tue-tête,
bien assise dans leur véhicule...

CHAPITRE V

LE CONJOINT

À L'ÂGE DE 21 ANS, MAX GROS-LOUIS EST ENVOÛTÉ
PAR CLAIRE BÉLAIR, QU'IL A CONNUE À MONTRÉAL
AVANT DE PARTIR POUR SON CONTRAT
DE SIX MOIS AU NORD DE CHIBOUGAMAU.
« ELLE ÉTAIT PARTICULIÈREMENT BELLE, DIT-IL.
ON S'ENTENDAIT BIEN. ELLE ÉTAIT AUSSI
UNE FEMME TRÈS ADROITE. ELLE ÉTAIT ARTISTE.
ELLE DESSINAIT AU CRAYON ET À L'ENCRE BRÛLÉE
SUR DES PEAUX DE BÊTE. ELLE COUSAIT
TOUS SES VÊTEMENTS. »

DANS LES MOIS SUIVANT SON DÉPART vers le Moyen Nord québécois, où il travaille durement, ne mange pas toujours à sa faim, dort sous la tente et gagne seulement 7 $ par jour, Max Gros-Louis écrit quelques fois à Claire Bélair sur de l'écorce de bouleau. Quoi de plus romantique pour une fille de la grande ville ! Ses lettres s'envolent par les rares hydravions qui croisent son chemin durant les six mois de l'expédition. Mais il ne peut pas savoir si sa belle Montréalaise a lu ses mots d'amour. Là où il se trouve, il est inaccessible.

Puisqu'il n'a pas dépensé pendant ses six mois au fin fond des bois, le jeune homme revient à Montréal avec un magot appréciable. Il peut donc rêver de pouvoir subvenir aux besoins de sa belle. Il retourne à Montréal au plus vite, sans savoir toutefois comment l'accueillera la jeune femme. Et, même si elle était contente de le revoir, comment réussirait-il à l'amadouer suffisamment pour la convaincre de partager sa vie avec un nomade comme lui et éventuellement lui vendre l'idée de quitter définitivement la grande ville pour le suivre dans sa minuscule — et pauvre — réserve de Wendake, à Québec.

Il gagne rapidement une manche pour le moins importante lorsque la jeune Montréalaise accepte de l'épouser. La noce a lieu le 26 décembre 1952, dans une église de Greenfield Park, sur la rive sud de Montréal. Max Gros-Louis choisit cette église parce que le bedeau et sa femme sont parents avec lui : sa tante Anne-Marie Talbot, la sœur de sa mère, et son mari William Brisebois.

Les nouveaux mariés vivent trois ans chez la mère de Claire, rue Hickson, à Verdun. C'est là qu'y naît leur premier enfant, Alain. Le bébé dort dans la même chambre que ses parents. Max décroche des petits boulots à gauche et à droite. Claire travaille alors chez Imperial Tobacco, mais ne cesse pas pour autant ses activités de création. Elle va même jusqu'à concevoir et produire une bande dessinée intitulée *Claire et Max*, laquelle raconte les péripéties et aventures d'une femme riche qui a pour chauffeur un type nommé Max. Son mari tente de la faire publier, notamment dans le *Petit Journal* où Claude-Henri Grignon est l'un des patrons. Mais l'auteur d'*Un homme et son péché* refuse l'œuvre de Claire.

En 1956, Oné-Onti parvient à convaincre sa femme de déménager avec lui à Wendake. Il a 25 ans, Claire 26. Le couple loue un « coqueron » d'une seule chambre dans une maison à logements du boulevard Bastien, qui a été démolie depuis. « On l'appelait l'Arche de Noé tellement elle penchait », raconte Line Gros-Louis. « C'était très vieux et très froid », raconte son père.

—
97

Les parents de Max doivent soutenir financièrement la jeune famille, tellement les temps sont durs. « Mon père me payait le chauffage », se souvient Oné-Onti. Et son fils Alain sera tout compte fait élevé par ses grands-parents paternels.

Max Gros-Louis et les siens déménagent plus tard dans un logement plus grand, mais pas beaucoup plus confortable, rue du Chef Pierre-Albert-Picard. « Nous avions alors transporté un arbre de Noël garni de toutes ses décorations ! » se souvient Max Gros-Louis.

La famille n'est pas plus riche. Naissent Line et Mario, qui dorment dans la chambre des parents quand ce n'est pas dans le salon. Claire Bélair ne mange pas toujours à sa faim. « Elle se nourrit de biscuits soda et de fromage Cheez Whiz », se remémore Line. Tant et tellement qu'elle souffre de sévères carences alimentaires.

Les premières années de Max Gros-Louis à Wendake, en compagnie de celle qu'il appelait sa « princesse » montréalaise, constituent la période la plus noire de sa vie, confesse-t-il. Il lui a fallu déraciner Claire Bélair de Montréal pour l'amener vivre dans cette réserve amérindienne qui ne paie pas de mine. Lui imposer en plus des conditions de vie d'une extrême pauvreté n'est rien pour ménager sa fierté et son orgueil.

Max Gros-Louis devient d'abord guide de chasse et pêche dans la Seigneurie du Triton, en Mauricie. Puis, il décroche un emploi de représentant du grand manufacturier Brother Canada dont il vend les machines à coudre, les machines à tricoter et les machines à écrire. Il espère que le temps des vaches maigres tire à sa fin.

98

Le Huron bâtit sa première maison en 1960, celle qu'il habite encore maintenant rue du Chef-Émile-Picard, à Wendake. Gérard Gros-Louis aide son fils à bâtir sa maison, avec un menuisier de la réserve.

« J'avançais à la mesure des mes moyens, raconte Max Gros-Louis. Une piastre, une planche; pas de piastre pas de planche. C'est ainsi que ça marchait dans la famille. J'ai débâti une vieille maison pour monter la charpente de la mienne. Puis, j'en ai débâti une deuxième pour faire ma couverture. La seule fois où je me suis endetté durant la construction, c'est quand un manufacturier de la réserve m'a prêté 1500 $ pour acheter ma plomberie, mon bain et tout ce qui va avec. »

La religion catholique interdit alors de travailler le dimanche. Mais Oné-Onti demande et obtient une dérogation
du curé pour pouvoir construire sa demeure du fait qu'en
semaine, il est toujours parti vendre des machines à
coudre à gauche et à droite. Plus tard, il bâtira plusieurs
autres maisons, cette fois aux fins de location. Il ne veut
plus jamais vivre dans la pauvreté.

Si, en 1970, Claire était devenue une « princesse », ce
n'était pas le cas 10 ans plus tôt, dans sa nouvelle maison.
« Nous marchions sur des planchers de contre-plaqué »,
se souvient Max Gros-Louis. « Il y avait peu de chauffage
dans la maison, ajoute sa fille aînée Line. Nous avions des
rideaux de plastique. Les joints des murs n'étaient pas
tirés. Quand mon père revenait, la fin de semaine, il allu-
mait une truie dans le sous-sol pour qu'on puisse prendre
notre bain. » Mais Claire Bélair semble accepter résolument son sort.

L'arrivée de cette fille de la ville n'enchante pas particulièrement les parents Gros-Louis. « Claire aimait la cou-
ture, témoigne Louisette Gros-Louis. Elle se faisait de
belles robes. Et elle arrivait parfois chez mes parents en
shorts. Ce que mon père, un homme strict, désapprouvait
et interdisait à ses filles. Il nous fallait porter des bas de
nylon pour aller à la messe le dimanche. Claire avait une
mentalité de star de cinéma. Elle aimait s'étendre au soleil
comme les vedettes d'Hollywood. Elle devait être malheu-
reuse parmi nous. Je pense qu'elle aurait aimé être plus
choyée, plus princesse. Mais on était plus simples. »

De l'avis de Max Gros-Louis, ce qui déplaisait d'abord et
avant tout à ses parents, c'est que Claire buvait de plus en
plus, dans un milieu de gens sobres. Déjà, à l'époque de leur

mariage, Claire Bélair avait commencé à boire. « Mais elle se contrôlait », indique Max Gros-Louis. Assez, en tout cas, pour ne jamais soupçonner ce qu'il adviendrait plus tard de sa femme.

Sa fille Isa croit que Claire Bélair se sentait très isolée dans la réserve de Wendake, loin de sa famille et de Montréal. « Je ne me rappelle pas beaucoup d'interaction avec sa famille quand j'étais petite, raconte Isa Gros-Louis. Quelques visites de ma grand-mère, une fois avec mon arrière-grand-mère. Je ne connaissais pas mes cousins et cousines du côté de ma mère. »

Claire, baptisée *Tikanakouen* en wendat, ce qui veut dire « clarté », accepte néanmoins de jouer à la Huronne. Ses cheveux passent de blond platine à noir corbeau. Elle porte de magnifiques robes amérindiennes pour accompagner son homme en public. Elle est avenante et belle comme une reine. De l'extérieur, le couple semble tout droit sorti d'un conte de fée.

Mais la vie sur la réserve pèse de plus en plus à la Montréalaise. Surtout que Max n'est pratiquement jamais à la maison et que les fils Gros-Louis sont très turbulents. « Il n'y a pas beaucoup de femmes qui auraient enduré un mari toujours parti comme elle l'a fait, témoigne Line. Leur vie de couple était tumultueuse, parfois orageuse. Mais si mon père est devenu ce qu'il est aujourd'hui, c'est grâce à ma mère. Elle l'a encouragé. Elle l'a poussé. Elle lui a fait ouvrir son magasin d'artisanat, entre autres choses. »

Doris Savard, la tante de Line, confirme que Claire Bélair était inconditionnellement derrière son mari. « Elle mettait continuellement Max en évidence », soutient la femme de Bruno Gros-Louis. « Quand elle ne buvait pas, Claire était une femme très correcte, renchérit Oné-Onti. Mais quand elle buvait, elle pouvait partir 15 jours "sur la brosse". Puis elle s'est mise à sortir avec d'autres hommes, quand je partais de la maison. »

Max Gros-Louis n'était pas un ange de vertu non plus, reconnaissent unanimement ses proches, malgré leur malaise à parler de cette question. « Quand je voyageais, je sortais, j'allais danser, dit le principal intéressé. Et je n'avais pas les deux mains croisées tout le temps. Mais je n'avais pas de blonde alors que Claire avait un *chum*, comme je l'ai appris beaucoup plus tard. »

Lorsque, à 33 ans, Claire Bélair devient enceinte de son quatrième enfant, elle n'a vraiment pas le goût de lui donner naissance, raconte sa fille Line, qui était sa confidente à l'âge de sept ans seulement. Sa mère la réveillait la nuit pour lui parler de ses problèmes.

Claire Bélair annonce à sa fille aînée qu'elle n'en peut plus, qu'elle ne veut plus avoir d'enfant et qu'elle va se suicider le soir même, en s'ouvrant les veines au rasoir. « J'ai caché la lame de rasoir derrière un bibelot, raconte Line Gros-Louis, en pensant que c'était sécuritaire dans ma petite tête d'enfant. Mais elle l'a trouvée. »

Ce soir-là, sa mère perd la tête. Elle déchire le prélart de la cuisine en morceaux. Elle vire la maison à l'envers… avant de s'ouvrir les veines, comme elle l'avait annoncé. Lorsque Max Gros-Louis rentre plus tard à la maison, il envoie aussitôt ses enfants passer la nuit chez leurs grands-parents.

« Elle n'a pas vraiment tenté de se suicider, affirme ce dernier. Elle s'est un peu coupé les veines pour attirer l'attention. Quand je suis rentré à la maison, ce soir-là, elle était endormie dans son lit. J'ai tout de suite fait venir le médecin. »

Max Gros-Louis raconte alors ce qu'il dit avoir toujours caché à ses enfants afin de ne pas les accabler. « J'ai envoyé Claire quelques fois en cure de désintoxication. Et un médecin m'a un jour parlé de psychose maniaco-dépressive. »

Après cet épisode, Claire Bélair est hospitalisée un mois à l'hôpital psychiatrique Saint-Michel-Archange, de Beauport, devenu aujourd'hui l'Institut universitaire en santé mentale du Québec. Une fois rétablie, elle revient à la maison et elle accouche de Kino le 19 août 1963, à l'hôpital de Loretteville (aujourd'hui Chauveau), ville à l'intérieur de laquelle est enclavée la réserve de Wendake. Kino est le seul enfant dont Claire Bélair accouche ailleurs qu'à la maison.

Bien qu'elle n'ait pas voulu de Kino, elle donne pourtant naissance à un cinquième enfant, cinq ans plus tard. La situation financière de la famille s'est alors nettement améliorée, explique Line. La maman a alors fini de tirer le diable par la queue. Ce cinquième enfant est Isa, le « bébé » de la famille Gros-Louis, la petite fille chérie de son père.

Celle-ci n'a appris qu'à l'âge adulte l'épisode de l'hôpital psychiatrique. « Ça m'a blessée, dit-elle, de savoir que ma mère avait vécu quelque chose de si tragique sans le soutien de sa propre famille. »

Les années passent et la situation se gâte de nouveau. Claire Bélair boit de plus de plus. « Elle s'est mise à insulter mon père et même à l'attaquer physiquement, décrit Kino. Elle se faisait des bleus pour appeler ensuite la police et se plaindre qu'il avait été violent avec elle. »

Les derniers moments du couple sont pénibles. « On ne savait jamais quand la chicane allait éclater avec ma mère, raconte leur fille Line. Ce n'était pas facile. »

Claire Bélair quitte la maison en octobre 1973 pour aller retrouver son *chum*, cet homme qui lui accorde cette attention dont elle a tant besoin. Alain a alors 18 ans, Line 17 ans, Mario 16 ans, Kino 10 ans et Isa cinq ans.

Mais elle revient finalement chez elle... pour se faire dire qu'elle n'est plus chez elle. Max Gros-Louis luï indique qu'il ne veut plus la revoir. Elle loue un petit logement à Neufchâtel, non loin de Wendake. Le divorce survient en 1974. Et Max Gros-Louis obtient la garde de ses cinq enfants, lui qui n'est jamais à la maison.

— Pourquoi avez-vous obtenu la garde de vos enfants ?

— Tout simplement parce que Claire ne l'a pas demandée, répond-il laconiquement.

Oné-Onti dit n'avoir été ni surpris, ni décontenancé de se retrouver père monoparental avec cinq enfants sur les bras. « Je m'en étais toujours occupé avant le divorce, dit-il. J'allais simplement continuer de le faire après, même si ce ne serait pas toujours évident. Par exemple, quand le temps est venu d'expliquer aux filles leur transformation à l'adolescence, les menstruations, la possibilité de tomber enceinte et, donc, de se méfier des garçons trop entreprenants. »

Max Gros-Louis devait jouer son rôle de père malgré ses nombreuses absences de la maison en raison de ses obligations professionnelles et politiques. « Je téléphonais régulièrement pour savoir où les choses étaient rendues, dit-il. Et je tenais la situation la plus serrée possible. »

Max Gros-Louis estime qu'il a été un bon mari, dans l'ensemble. « Je cuisinais plus que ma femme, dit-il. Je m'occupais des enfants de mon mieux. Claire et moi allions régulièrement voir des spectacles et manger au restaurant. Je l'ai aussi amenée souvent en Floride. »

———

Après le départ de Claire et le divorce, Max-Gros-Louis dit avoir fait la promesse qu'il n'y aurait pas de femme à ses côtés tant qu'il aurait des enfants à la maison.

Mais il y aurait cependant des femmes dans sa vie, peu s'en faut. Max Gros-Louis est attiré par les jolies femmes et est un grand charmeur, sa carrure de colosse et son prestige de chef aidant. Son vieil ami Tex Lecor se rappelle combien le Huron attirait les femmes lorsque les deux hommes se fréquentaient, à Montréal. « Il était ce que j'appelle un vrai mâle ! » lance-t-il en insistant sur le dernier mot. « Max était un *playboy* », laisse tomber son frère Roger.

Tous ses proches se souviennent particulièrement d'une Montréalaise, agente de bord de 19 ans sa cadette, que Max a fréquentée durant cinq ans. Il l'a connue dans un avion, quelque part entre Montréal et Vancouver, se souvient-il.

« Mon père arrivait à la maison avec des *pétards*, raconte Kino. Il y eut l'hôtesse de l'air, oui. Mais je me souviens aussi d'une Française. » Max Gros-Louis rencontre cette tourangelle à Calais, lors d'une tournée de spectacles amérindiens. Elle travaille dans les machines à coudre et les machines à tricoter. « Ça nous faisait un point commun », raconte Max.

Il garde précieusement les photos et les lettres de ces deux femmes dans ses archives. Il conserve même un carton d'allumettes, souvenir d'une soirée au légendaire Moulin Rouge de Paris avec la Française. Celle-ci habite maintenant à Vancouver. Si Max Gros-Louis le sait, c'est tout simplement parce qu'il suit ses « ex » à la trace. Il envoie parfois même des cadeaux à leurs enfants.

———————

Vers 1960, Oné-Onti devient ami avec le propriétaire de l'hôtel Loretteville, là où nichent aujourd'hui Le Pub et le restaurant-école Le Piolet, rue Racine, l'artère principale de la ville. Guy Roux, l'hôtelier, est marié à Marie Allard que le grand chef huron-wendat appelle respectueusement « madame » chaque fois qu'il la croise. « Les femmes de mes *chums*, je les appelle toujours madame », insiste-t-il. Il amène régulièrement ses deux plus jeunes enfants, Kino et Isa, manger à l'hôtel, surtout le dimanche. Lorsque le propriétaire meurt prématurément en 1976, à 42 ans, Max devient peu à peu le protecteur de la veuve, qui prend la relève de l'hôtellerie.

« J'allais peu à l'hôtel du temps de mon mariage, raconte Marie Roux, d'une lointaine descendance abénaquise.

Mais à compter du décès de mon mari, je m'y trouvais continuellement. Et Max venait dîner de plus en plus souvent. Il montait parfois dans mon bureau pour m'inviter à dîner avec lui. Mais je ne savais même pas qu'il était divorcé. »

L'hôtel roule alors à plein gaz. Son bar musical est particulièrement populaire. Marie Roux organise des soirées auxquelles participe notamment le célèbre chanteur de charme québécois Paolo Noël. Alors étudiante à l'Université Laval de Québec, la chanteuse acadienne Édith Butler vient souvent y danser. Le chanteur de Québec Denis Walsh y donne des spectacles. En plus d'élever ses cinq enfants, à l'instar de Max, Mme Roux gère 50 employés, dont huit cuisiniers.

« Ça devenait de plus en plus lourd à administrer, dit cette dernière. Il m'arrivait d'aller pleurer dans ma chambre. Et Max venait me consoler. Il sentait qu'il se passait des choses dans mon dos. Comme cette serveuse, par exemple, qui tripotait les factures. Max était un chef. Il avait l'habitude de tout contrôler. Il me rapportait ce qui clochait. »

Oné-Onti s'entiche d'autant plus de Mme Roux qu'elle est passionnée de chasse. Elle a tué son premier chevreuil à 18 ans, à Inverness au pays de l'érable. Marie Roux connaît bien cette région puisqu'elle a grandi à Arthabaska.

« Depuis la mort de mon mari, je ne voulais plus aller à la chasse, raconte la dame. J'ai commencé à aimer Max petit à petit. Son bon jugement me rassurait beaucoup. J'ai recommencé à chasser avec lui et on est tout de suite revenus avec un orignal. Le grand chef me collait de plus en plus. »

L'hôtel Loretteville brûle en 1978. Marie Roux commande des plans pour le faire reconstruire. Mais un ami lui conseille de laisser tomber, d'aller au restaurant, au cinéma, de s'occuper d'elle. Bref, de vivre, ce qu'elle choisit de faire.

L'hôtelière habite une vaste maison cossue de 18 pièces à Loretteville, flanquée d'une écurie et d'un immense terrain privé. Mais, en 1984, elle accepte d'emménager avec Max Gros-Louis dans sa modeste maison de sept pièces de la réserve. Elle tient cependant à garder son indépendance et elle achète un condominium à Sainte-Foy.

« Je ne pouvais pas trouver mieux que Mme Roux, déclare Max Gros-Louis. Elle adore la chasse tout comme moi. Elle est sociable et cultivée. Elle est respectée par tout le monde. Et elle ne m'a jamais fait honte nulle part. Mais on ne remplace pas une femme par une autre. On change de vie, c'est tout. »

107

Surviennent parfois des flammèches entre Mme Roux et certains enfants de son conjoint. Kino, le quatrième et avant-dernier de la famille, avoue s'être souvent querellé avec sa « belle-mère ».

Et, un jour que le Conseil de bande de Wendake reçoit la maintenant défunte mairesse de Québec, Andrée Plamondon-Boucher, la conjointe du chef croit approprié de prendre place dans la première rangée de la salle aux côtés de la dignitaire, juste en face du grand chef dont elle partage la vie. Line, la fille aînée de Max Gros-Louis, est alors chef familiale, l'équivalent d'un ministre blanc. Elle occupe donc une fonction éminemment officielle. Elle demande à sa « belle-mère » de reculer d'une rangée, sous prétexte que la première est réservée aux élus. Mme Roux le prend plutôt mal. « J'étais l'amie de Mme Boucher, plaide Mme Roux. En plus d'être la "femme" du chef. »

La nuance ne change rien aux règles du protocole, mais elle existe. Mme Roux est la conjointe de fait de Max Gros-Louis, mais pas la « femme », puisqu'ils ne se sont jamais mariés.

« Je n'ai jamais voulu mêler nos enfants, dit-elle. Je suis un Verseau. Max est un corbeau. En 2009, j'ai acheté un autre condo pour avoir ma place bien à moi. » C'est là qu'elle coud et brode tous les vêtements et accessoires de Max en priorité. « Quand je l'ai connu, il portait des petits vêtements de tweed, parfois rafistolés avec des épingles à couche. Je ne trouvais pas cela digne d'un grand chef. » C'est à ce moment que le Huron Oné-Onti laisse tomber le veston-cravate pour les vêtements plus pittoresques qu'il arbore encore aujourd'hui.

Marie Roux trouve son conjoint autoritaire, parfois même intransigeant. Son frère Bruno Gros-Louis dit que Max peut aussi être impulsif à l'occasion. Comme un certain soir, au Colisée de Québec. Max Gros-Louis assiste à un match des Nordiques avec sa conjointe et quelques amis, comme d'habitude. Un spectateur impatient tente de traverser leur section de sièges en passant par leur rangée, alors qu'il devrait normalement emprunter les escaliers prévus à cette fin.

Oné-Onti lui dit : « Ça ne passe pas ici, monsieur. » Le type descend l'escalier et traite l'autre de « sauvage » en lui adressant un doigt d'honneur. Puis, il disparaît sous les gradins, certain d'avoir eu le dernier mot. Max Gros-Louis le rattrape dans le couloir et lui donne deux coups de poing au visage, avant de retourner à son siège.

Avec le recul, Max Gros-Louis se dit un peu honteux d'avoir agi de la sorte, même s'il n'acceptera jamais que quelqu'un le traite de « sauvage ». « J'ai décidé ce jour-là que je ne frapperais plus jamais quelqu'un avec mes poings », affirme-t-il.

Ce n'est pas toujours aisé d'être la conjointe d'un tel homme. « Mais il me fait vivre tellement de bons moments, confie Marie Roux. J'adore le monde, les sorties officielles et les voyages. Et c'est la vie qu'il me fait vivre. » Elle a rencontré Ségolène Royal, candidate à la présidence française, à La Rochelle en 2008, à l'occasion du 400e anniversaire de fondation de la ville de Québec. Elle a accompagné Max aux États-Unis, en France, en Angleterre, en Italie et en Grèce. Et, évidemment, un peu partout au Québec et au Canada.

Marie Roux est aussi à l'aise au fond des bois, armée d'une carabine, que dans les grands salons mondains vêtue de ses plus beaux atours. Et elle peut être une aventurière surprenante. Peu d'aventures la rebutent. Lorsque l'Hôtel-Musée de Wendake achève d'être construit, en 2008, Max Gros-Louis veut y voir exposer des cornes de wapiti, parmi les autres attractions animales qui seront présentées. Sa conjointe en possède un énorme lot dans leur maison de Wilwood, en Alberta. Il s'y trouve des panaches complets, mais aussi des bois détachés de leur panache que Marie Roux a précieusement ramassés lors de ses promenades en forêt, au fil des années — le wapiti perd son panache chaque année au mois de février.

« Si tu me prêtes ta Jeep, je vais aller les chercher moi-même avec ma sœur Rolande », dit-elle alors à Max Gros-Louis. Le 9 décembre, Marie Roux et sa sœur prennent la route de Wilwood, une folle équipée de 9500 km qu'elles mettent neuf jours à parcourir dans la neige, la gadoue, le verglas et parfois le brouillard des montagnes. Les deux femmes dorment dans des motels et mangent dans des relais de camionneurs. Elles rentrent à Wendake le 21 décembre, leur véhicule plein de cornes de wapitis, désormais exposées à l'Hôtel-Musée Premières Nations de Wendake.

La conjointe de Max Gros-Louis est aussi passionnée de chevaux que de chasse et pêche. Elle en a possédé plusieurs dans son ex-domaine de la rue Valvue, à Loretteville. Et elle a très longtemps monté à cheval. Lorsqu'elle séjourne en Floride, l'hiver, avec son conjoint, elle assiste régulièrement à des courses de chevaux.

Du temps qu'elle habitait à Loretteville, Mme Roux dit avoir parfois souffert d'être traitée en « étrangère » parce que son mari et elle n'étaient pas du coin. Tous deux avaient quitté les Bois-Francs pour venir s'implanter dans la région de Québec. Malgré ses 27 ans de vie commune avec le grand chef, précédées de sept années de fréquentations, Marie Roux avoue se sentir parfois comme la « Blanche » de la réserve, encore aujourd'hui. « J'ai toujours fait attention de ne pas prendre la place d'une Amérindienne, affirme-t-elle. Les hommes de la réserve me connaissaient parce qu'ils venaient à la taverne de l'hôtel, mais pas les femmes. En plus, Max ne me parle jamais de ses affaires. »

Marie Roux possède 800 livres sur l'artisanat amérindien. À 81 ans, elle a acheté une machine à coudre

Brother de 10 000 $, le *nec plus ultra* dans ce domaine.
Elle brode à partir de centaines de dessins trouvés sur
Internet à l'aide de son ordinateur ultramoderne : des
ours, des loups, des chevreuils, des castors, des porcs-
épics, des tortues, des faucons, des serpents.

Elle a donné son vieil ordinateur à son conjoint, un anti-
informatique notoire qui s'en sert exclusivement pour
jouer aux cartes, en l'occurrence au jeu du 11.

Max Gros-Louis a par ailleurs succombé au téléphone
portable. Mais seule sa conjointe en possède le numéro,
jure-t-il. Ce dont elle n'est pas peu fière. « Max est contre
l'ordinateur mais il passe son temps à me demander des
informations, rigole son frère Jean-Marie. Et il fait ensuite
semblant de le savoir déjà. »

Quand sa conjointe lui a donné son vieil ordinateur, il a dit :
« Merci, Mme Roux. » Il la vouvoie toujours même après
tout ce temps. Même si la dame, elle, le tutoie. « J'ai toujours vouvoyé les femmes de mes amis, explique le Huron.
Et c'est resté... »

CHAPITRE VI

LE « CHEF »
DE FAMILLE

« À LA MAISON, MON PÈRE ÉTAIT UN HOMME DE PASSAGE,
DIT KINO GROS-LOUIS, LE FILS CADET DE LA FAMILLE.
POUR MOI, IL INCARNAIT LA PEUR. C'ÉTAIT L'HOMME
QUI PASSAIT À LA MAISON POUR ME CORRIGER À LA
STRAP[11]. JE ME CACHAIS DANS LA GARDE-ROBE LORSQU'IL
REVENAIT CHEZ NOUS. QUAND JE VOYAIS ARRIVER SON
CAMION, JE ME DEMANDAIS CE QUE J'AVAIS FAIT DE MAL
DURANT LA SEMAINE. IL NOUS GARDAIT SUR LE QUI-VIVE. »

---

11 Il n'était pas rare à cette époque que les pères de famille donnent la fessée
aux enfants, aux garçons particulièrement. Certains possédaient même une
sangle de cuir, aussi appelée *strap,* et s'en servaient pour frapper les enfants.
Même des directeurs d'école infligeaient la *strap* à des élèves quand leurs
institutrices n'en venaient pas à bout ou perdaient patience.

IL NE FAUT PAS S'EN ÉTONNER, rétorque Max Gros-Louis. « Kino est celui de mes enfants qui m'a le plus défié. Et il n'y avait plus une maudite école qui voulait de lui. Il a fallu le placer aussi loin qu'au Nouveau-Brunswick. Et là encore, il s'est fait jeter dehors. Je n'avais pas le choix d'être autoritaire. Si les enfants avaient peur de moi, c'était leur problème. »

Pour décrire Kino, Max Gros-Louis reprend exactement ce que sa propre mère disait de lui, lorsqu'il était enfant : « Tannant mais pas méchant. »

L'avant-dernier de la famille était plus costaud et plus fort que les garçons de son âge et il reconnaît d'emblée son parcours tumultueux. « J'étais une vraie queue de veau quand j'étais petit, raconte ce colosse de 1,91 m aux yeux bleus comme ceux de sa mère. J'étais un vrai *spring*. J'avais des difficultés à l'école. Je me battais sans cesse. Ça me tannait d'être *le gars à Max*. Mais je suis sa copie, je ne peux pas le haïr. Ce serait l'équivalent de me haïr. »

Il se souvient que son père le prenait souvent dans ses bras, dans la boutique. Plus tard, Max Gros-Louis amène souvent son fils cadet avec lui dans ses déplacements professionnels, question de mieux l'encadrer. « Il me traînait partout, dit Kino. Il m'assoyait à côté de lui. Il mettait toujours une main sur ma cuisse. Et si je bougeais, il serrait. »

« Papa était un père de passage, dit sa fille Line. Quand j'avais un ou deux ans, il arrivait le vendredi avec sa valise remplie de cadeaux, parfois même avec un chien. » Puis, il repartait le lundi.

« Mon père était plutôt autoritaire avec nous, raconte sa deuxième fille, Isa. Mes souvenirs de lui, quand j'étais petite, sont ceux d'un homme très sérieux et très occupé. Plus tard, j'ai développé une relation plus amicale et affectueuse avec lui. »

À quatre ans, Isa fait à son père la joyeuse surprise de danser sur la scène du grand pow-wow annuel, avec le reste de la troupe des Hurons. « Ma mère m'avait fait pratiquer en cachette et je suis arrivée sur la scène à l'insu de mon père. C'était tout simplement magique pour une petite fille de mon âge. »

Elle se souvient aussi d'avoir nagé accrochée à la célèbre tresse de son père dans la piscine qu'il avait creusée à la pelle dans la cour avant de la maison. « Et les fins de semaine, quand j'étais à la maison, mon frère Kino et moi nous nous retrouvions souvent dans le lit de mon père pour jouer au piège. Le but était de passer entre ses mains sans se faire attraper. »

Dès qu'il en a les moyens financiers, Max Gros-Louis amène sa femme et ses enfants en Floride chaque année. Ils séjournent non loin de la mer, dans un hôtel pourvu d'une piscine. Il leur fait visiter Walt Disney World et toutes sortes d'attractions comme la Jungle Island de Miami.

Mario est le grand sportif de la famille. Il réussit à peu près tout ce qu'il essaie, raconte son père. Il devient gardien de buts de hockey pour l'équipe Les Indiens du Québec. Il pratique la planche à voile, le ski alpin. Il se lance dans le ski acrobatique avec les célèbres frères Laroche et leurs amis de Lac-Beauport, sport dans lequel Philippe Laroche a gagné une médaille olympique. « Un *chum* des frères Laroche était surnommé *cowboy* tellement il était casse-cou, se rappelle Max Gros-Louis. Mario m'a coûté une fortune en ski acrobatique. »

Mario fait aussi équipe avec son frère Alain dans des courses de canots. Leur père se souvient particulièrement d'une victoire remportée à Chicoutimi, tant à cause de la ruse que de la puissance. Ils battent alors les champions canadiens : « Ils avaient eu la sagesse de courir avec un plus gros canot, ce qui aurait été un handicap sur une rivière ordinaire, mais qui est devenu un atout dans les vagues et la marée du grand Saguenay », raconte Max Gros-Louis.

« Mario était bon dans tout, dit son père. Sauf qu'il n'a jamais voulu faire l'effort d'aller jusqu'au bout. »

Au départ de sa mère, Line, qui a 17 ans, laisse son emploi de vendeuse au magasin Greenberg, rue Saint-Joseph en basse-ville de Québec, pour venir donner un coup de main à son père. Mais elle lui dit clairement qu'elle n'est pas là pour longtemps. « Je ne voulais pas faire une carrière à la maison, dit-elle. Ce n'était pas ma responsabilité, ce n'étaient pas mes enfants. » Max Gros-Louis laisse tomber : « Tu sauras, ma fille, que dans la vie on ne fait pas toujours ce qu'on veut. » Elle lui répond : « Eh bien, moi, je vais essayer ! »

Line reste d'autant moins longtemps à la maison que ses relations avec son frère Mario sont pénibles, raconte-t-elle. Elle repart cinq mois plus tard une fois les deux plus jeunes, Kino et Isa, placés dans des pensionnats. Elle va passer un mois à Abidjan, en Côte-d'Ivoire, visiter des Africains dont elle s'était fait des amis lors du Festival international de la jeunesse francophone, à Québec, en août 1974. Et, à 19 ans, elle prend cette fois la route de San Francisco où elle aura ses deux filles. Elle revient à Wendake en 1984, année des fêtes de la voile de Québec 84. Elle joint les Hurons qui participent au volet *Nos terres '84*.

La même année, Max Gros-Louis achète la grande et magnifique maison ancestrale de feu Maurice Bastien, rue François-Gros-Louis. Line loue de son père le rez-de-chaussée de la demeure. À 28 ans, monoparentale, elle place ses filles au pensionnat pour terminer son cours secondaire et ensuite étudier trois ans le soir en Techniques d'éducation et en service de garde. Elle travaille à la boutique de son père le jour pour gagner sa vie.

Elle effectue ensuite un stage à Paris en développement psychomoteur. Puis, elle ouvre une garderie pouvant accueillir 35 enfants dans l'ancienne maison des Bastien qu'accepte de lui vendre son père. L'établissement s'appelle le Centre éducatif du Soleil levant et s'inspire de la philosophie amérindienne. Par exemple, les enfants dorment dehors toute l'année durant. Fatiguée de la tâche, elle ouvre finalement un gîte touristique, la Maison Aorhenche, qui existe toujours.

117

Line Gros-Louis soutient qu'être la fille du grand chef ne lui a jamais valu de traitement spécial. « C'était même plate, dit-elle. Parce que le monde disait : *On sait ben, tu es la fille du grand chef...* Je choisissais mes amis à Québec parce que je ne voulais pas en avoir ici. Au moindre écart, tout le monde le savait. On était surveillés. »

Sa jeune sœur Isa ne diffère pas d'opinion. « Grandir en tant que fille du grand chef était pour moi une obligation de bonne conduite et un devoir d'excellence, témoigne le cinquième et dernier enfant de Max Gros-Louis. C'était très difficile de se faire des amis sur la réserve. D'une part, je n'y passais que les fins de semaine et les vacances. Et d'autre part, j'étais SA fille.

« C'est difficile pour les gens d'une petite communauté de ne pas mélanger la politique avec le reste. Souvent, pour des raisons politiques, je ne pouvais plus jouer avec l'un ou avec l'autre. Mon comportement était scruté à la loupe et tout faux pas était rapporté à mon père. Ce n'était vraiment pas facile. Encore une chance que j'étais plutôt tranquille ! »

À l'âge de 10 ans, Kino Gros-Louis entreprend un zigzag scolaire pour le moins sinueux. Il est d'abord « placé » dans un pensionnat à l'internat du Collège Notre-Dame-des-Anges, dans un petit village du même nom situé en Mauricie. « Les règlements étaient tellement sévères que j'avais l'impression d'être dans une école de réforme », raconte le fils cadet de Max Gros-Louis.

Il revient ensuite vivre avec son père, à Wendake, et fréquente l'ancienne école Notre-Dame du Perpétuel Secours de la réserve, maintenant remplacée par l'école Ts8taïe, dans le haut-village. Max Gros-Louis est rarement à la maison. Un employé de la boutique Le Huron devient un peu le deuxième père de Kino de la même manière que sa tante Louisette, qui habite tout près, devient un peu sa deuxième mère. « Sans Elphège Picard à la boutique, Max ne serait jamais passé à travers la période où il a eu la garde des enfants», estime Denis Picard, un ami d'Oné-Onti qui a siégé 14 ans à ses côtés au Conseil de bande.

L'année suivante, son père renvoie le petit Kino dans un pensionnat, cette fois au Collège Saint-Cœur de Marie de Beauport. Mais il en est expulsé assez vite pour avoir insulté une religieuse. « À vrai dire, c'est ce que je souhaitais», admet-il aujourd'hui.

Mais son geste lui vaut une sorte d'exil. Il est envoyé à l'Académie Michèle-Provost, une école privée de Montréal qui abrite aussi un pensionnat. Le jeune garçon voyage généralement en autobus quand il vient passer les week-ends à la maison et il lui arrive de faire le trajet de Wendake à la gare d'autobus de Québec en auto-stop, à l'âge de 12 ans seulement. « Mon petit frère n'a vraiment pas eu la vie facile à cette époque », témoigne sa sœur Line.

Kino est de nouveau mis à la porte. Un pensionnaire dont tout le monde a peur le traite un jour de « sauvage », raconte-t-il. Il n'allait pas rater l'occasion de se venger lorsqu'elle surviendrait. « Un jour, j'aperçois ce type tenant mon meilleur ami à la gorge dans le vestiaire de l'école. Fou de rage, je lui ai éteint une cigarette dans le front et je lui ai cassé un bras. »

Il prend alors le chemin de Moncton, au Nouveau-Brunswick, où il passe un an à l'école Beauséjour. Il revient à Wendake et termine son cours secondaire à la polyvalente de Loretteville, où il continue de se battre de temps en temps avec des Blancs.

Kino suit des cours d'arts martiaux et travaille très jeune dans les bars, notamment à l'hôtel Loretteville de la

famille Roux et au réputé *cruising bar* Le Beaugarte, fleu-
ron de la vie nocturne de Québec. Il est portier et parfois
aussi collecteur de dettes.

À 18 ans, il devient garde du corps et chauffeur de son père
durant ses grosses années politiques. Il a acquis une certaine maîtrise de l'anglais à Moncton même en y fréquentant un pensionnat francophone. « J'accueillais les chefs,
témoigne Kino. Je les servais, je les sortais et mon père
me demandait de bien les écouter pour l'aider à mieux les
cerner. »

Malgré ses difficultés scolaires, Kino finit par décro-
cher un diplôme d'études collégiales en mécanique automobile, au Cégep de Limoilou. Il passe ensuite un an en
Alberta avec son frère Alain. À son retour, il travaille dans
la construction. Il manœuvre des pelles mécaniques et
autres machineries lourdes. Il est un homme à tout faire
qui vit en forêt le plus souvent possible, dans son chalet
de la Réserve faunique des Laurentides.

Entre 30 et 40 ans, c'est la descente aux enfers. Kino
consomme de l'alcool et sniffe de la cocaïne. Il suit cinq
thérapies pour alcooliques toxicomanes, dont l'une à la
réputée Villa Ignatia, au même endroit où avait auparavant séjourné sa mère. Son père ne comprend pas très bien
tout ça, dit le fils. « Pour lui, une thérapie, c'était une claque
par la tête. »

En 2006, Kino décide de s'asseoir avec son père et de lui
dire certaines vérités. Une nouvelle affection lie les deux
hommes depuis lors, affirme le fils. Max Gros-Louis s'intéresse beaucoup plus à ce que fait l'autre. « Kino prend
maintenant soin de moi », se réjouit son père. Kino habite

une maison située à un jet de pierre de celle de son père. « Je suis son bâton de vieillesse, dit-il. Je reste ici pour ça. »

———————————

Hormis peut-être Mario, les enfants de Claire Bélair perdent leur mère de vue durant plusieurs années quand elle vit à Nicolet. En 1977, l'ex-femme de Max Gros-Louis revient dans la région de Québec, à Beauport. Elle se présente un jour à la boutique Le Huron pour tenter de voir ses enfants qui y travaillent. Mais elle arrive face à face avec son ex-mari, interloqué de la trouver là. Elle ne se sent pas bienvenue et un grand malaise l'envahit. Elle choisit de faire demi-tour.

Lorsque son fils Kino découvre où elle habite, il ne perd pas une minute pour aller à sa rencontre. « J'ai tout de suite sauté sur ma moto pour aller la voir, raconte-t-il. Elle se faisait bronzer dehors. J'ai *breaké* sec juste à côté d'elle en disant : "Salut maman !" Elle m'a reconnu immédiatement et s'est montrée très contente de me revoir. J'ai continué de m'occuper d'elle après. »

Lorsque Claire Bélair revient de Nicolet pour s'installer à Beauport, son fils Mario transmet son numéro de téléphone à sa petite sœur Isa, qui commence tranquillement à reprendre contact avec sa mère. « Étant plus vieux, mes frères et ma sœur pouvaient facilement aller la voir, raconte-t-elle. Mais c'était plus difficile pour moi, qui ne conduisais pas. Il était hors de question de demander à mon père. J'avais trop peur de sa réaction. » Les parents d'une amie fréquentant le même collège qu'Isa la conduiront chez sa mère pour l'aider à refaire les liens.

Après Beauport, Claire Bélair déménage à Loretteville. Sa mère Lucille, alors veuve, vient y vivre quelque temps avec elle. Isa la voit alors de plus en plus régulièrement. « Avec le temps, la relation entre mes parents s'est adoucie, explique-t-elle. Et les visites chez ma mère ont cessé d'être un problème. »

Isa Gros-Louis soutient que son frère Mario s'est beaucoup occupé de leur mère lorsqu'elle est revenue dans la région de Québec. Même si Claire Bélair a été assistée sociale et a vécu dans un HLM, « elle ne manquait de rien quand les choses ont commencé à bien aller pour Mario, dit sa jeune sœur. Mario gâtait ma mère en la sortant au restaurant et en l'amenant en voyage. Il lui faisait de beaux cadeaux et passait du temps avec elle, ce qu'elle chérissait par-dessus tout. Elle passait la plupart des Noëls et des jours de l'An avec Mario et moi, souvent chez lui. ».

122 Mario était celui de ses frères qui était le plus proche de sa mère, selon Isa Gros-Louis. À preuve, elle raconte l'anecdote suivante : « Quand Mario était à l'école, ma mère faisait souvent ses devoirs pendant qu'il s'amusait avec ses amis. » C'était tellement vrai, raconte Max Gros-Louis, qu'il a su avant lui que Claire sortait avec un autre homme...

À six ans à peine, Isa est « placée » au pensionnat des religieuses Ursulines, à Loretteville. Elle y fait tout son primaire. Elle passe ensuite à un autre pensionnat, celui du Collège Notre-Dame-de-Bellevue, jusqu'à la fin du secondaire. Isa était une petite fille modèle, estime son père qui, aujourd'hui, est toujours aussi entiché de son « bébé ».

Au sortir de Bellevue, Isa Gros-Louis choisit de faire un « grade 12 » en Saskatchewan. Elle obtient un baccalauréat en études amérindiennes et un autre en Common Law, à l'Université de la Saskatchewan à Saskatoon.

Elle pratique le droit autochtone. Elle travaille deux ans au Bureau du Conseil privé du Canada, dont le rôle est de conseiller le premier ministre et son cabinet. Puis, elle passe 13 ans au ministère canadien des Affaires indiennes.

Elle est candidate libérale fédérale défaite en 2005, même si son père n'a jamais voté une seule fois, ni à Ottawa ni à Québec. « Je ne suis ni Canadien ni Québécois, plaide-t-il chaque fois. Je suis un Huron-Wendat. » Il assiste néanmoins sa fille durant sa campagne électorale et cette dernière, de son côté, respecte totalement son abstention. « C'est son droit absolu », dit-elle.

Certains estiment que Max a probablement nui à la campagne électorale d'Isa en s'en mêlant trop. Il a plongé dans une mêlée politique qui lui était complètement étrangère et hostile à la fois. Isa reconnaît que cette position de son père a pu nuire à sa campagne. Mais pour le reste, elle maintient qu'il lui a été d'un grand secours. « Mon père m'a dispensé des conseils que personne d'autre n'avait pu me donner. Il m'a toujours donné l'heure juste. Il a plusieurs années d'expérience en politique et il m'a fait voir des choses que les partis ne montrent pas toujours. Il était mon *political elder*. Le temps passé avec lui pendant la campagne a été très spécial pour moi. Ce fut une occasion pour lui de me transmettre son savoir et pour nous deux de partager une passion commune. »

Alain, le fils aîné, est le meilleur chasseur de la famille, estime Max Gros-Louis. Non seulement il ne rate pas ses proies, mais « il t'enlève la peau d'un castor ou d'un loup comme peu de gens savent le faire, s'enthousiasme son père. Normalement, on enlève la peau d'un castor puis on la gratte. Alain fait les deux opérations en même temps. »

Max n'a pas beaucoup vécu avec Alain à ses côtés, à Wendake. Non seulement celui-ci est-il élevé par ses grands-parents Gros-Louis, mais, à l'adolescence, il part étudier en Ontario pour apprendre l'anglais. Il choisit les techniques forestières et la protection de l'environnement. Et il s'installe à Kirkland Lake, là où vivent la majorité des parents de sa grand-mère, Cécile Talbot.

Il travaille ensuite pour le ministère des Affaires indiennes et du Nord canadien. Il est d'abord assigné une dizaine d'années aux parcs fédéraux du Québec et aux aéroports des Inuits, dans le Grand Nord. Il poursuit ensuite le même travail à l'échelle canadienne, ce qui le mène notamment dans les montagnes Rocheuses canadiennes en Alberta. Il explore les grands espaces et choisit de s'installer dans un ranch à Wildwood, village d'environ 300 habitants au cœur d'une région complètement sauvage. Alain rêve depuis longtemps d'élever des wapitis et il convainc son père d'investir avec lui. Le prix des panaches dégringole dans les années 1990, de sorte que Max Gros-Louis vend ses bêtes à Alain en 1997. Celui-ci garde les animaux pour la viande, mais a besoin d'un autre emploi. Il devient responsable de la sécurité dans de grands chantiers. Alain passe son temps dans le fin fond des bois et des grandes plaines désertes, là où aucun téléphone portable ne fonctionne.

———————

Mario Gros-Louis, le deuxième fils d'Oné-Onti, étudie en Techniques d'intervention en loisir au Cégep de Rivière-du-Loup. Il se perfectionne ensuite pour travailler auprès des jeunes délinquants. Et il travaille durant de nombreuses années dans des centres jeunesse.

En 1984, Max Gros-Louis vend sa boutique d'artisanat à Mario. Ce dernier la déménage au village traditionnel huron-wendat, qu'il construit en 1987 à des fins touristiques, rue Stanislas-Koska, dans le parc industriel Louis-Philippe-Sioui. Ce site est baptisé *Onhoüa Chetek8e*, ce qui signifie « d'hier à aujourd'hui ». Son succès commercial est aussi gigantesque qu'instantané.

À la boutique d'artisanat de son père, « on servait 5000 personnes par année et on me posait souvent des questions sur la vie traditionnelle. Comme les touristes ne nous voyaient qu'à travers les stéréotypes d'Hollywood, j'ai décidé de construire le village », a-t-il déjà dit en entrevue au quotidien *Le Devoir*.

Il s'agit d'un village d'environ 8000 m² ceinturé de palissades de longs pieux gris pouvant accueillir jusqu'à des dizaines d'autocars de visiteurs par jour en haute saison touristique, des Français en grande majorité.

Ironiquement, l'immense popularité du village touristique de Mario Gros-Louis poursuit en quelque sorte l'œuvre du père, alors que Max et son deuxième fils ne se parlent plus du tout depuis que ce dernier a acheté la boutique paternelle, il y a 27 ans.

« Je ne sais pas pourquoi, murmure Oné-Onti. Je crois que c'est en raison du divorce. Mais vous le lui demanderez. » Le fils nous a aimablement mais très brièvement parlé au téléphone. « Max Gros-Louis est de l'histoire ancienne pour moi, a-t-il dit. Il n'existe plus dans ma vie. »

Mario et son père sont si braqués dans leurs sentiments qu'« aucun des deux n'ira aux funérailles de l'autre », affirme l'ancien petit chef Michel Picard. La démonstration en a été pratiquement faite à la mort de Claire Bélair. Max n'a pas assisté à ses obsèques pour éviter d'y croiser Mario. « Je sais que Max a visité Claire à l'hôpital dans les derniers jours de sa vie, affirme son frère Bruno. Mais ça s'est terminé là. »

Le clan Gros-Louis est un peu abasourdi par cette brisure. « Mario s'est retiré lui-même de la famille, commente prudemment sa tante Louisette. Il m'a dit, un jour : "J'aimerais visiter la maison de mon grand-père." Il n'est jamais venu. » Mario est seul dans son coin, déplorent son oncle Jean-Marie et sa femme Hélène Gros-Louis. Il est au ban de la famille.

« Je n'ai jamais vu Mario », s'étonne Marie Roux, la conjointe de son père.

« Tout ce que je sais, aujourd'hui, s'exclame son frère Kino, c'est que Mario a peur de moi. Et qu'il a bien raison ! »

« Ce sont deux orgueilleux pareils », estime Roger Gros-Louis, frère de l'un et oncle de l'autre.

Mario et son père « se ressemblent énormément », renchérit Isa. « Ce que je trouve triste dans tout cela, c'est que nous n'avons plus l'occasion d'être au complet pour célébrer les moments spéciaux de la vie familiale, comme les mariages et les baptêmes. »

Max Gros-Louis confie que la pire décision de sa vie, celle qu'il regrette le plus, est d'avoir vendu sa boutique Le Huron à son fils Mario, en 1984. Il ne pouvait jamais s'imaginer que ça pourrait si mal tourner.

En plus d'avoir été père monoparental, Max Gros-Louis « hérite » d'une deuxième famille autochtone en mai 1998. Et celle-là est presque trois fois plus nombreuse que la sienne propre.

Lorsque le grand chef algonquin Thomas Rankin rend l'âme, le 11 mai 1998, Max Gros-Louis se rend assister à ses funérailles en Abitibi. Rankin était le père de 10 filles et de quatre garçons, dont plusieurs sont alors déménagés à Québec. Les filles forment un cercle autour de Max Gros-Louis et l'aînée prend la parole : « Notre mère était déjà morte, dit gravement Marianne Rankin. Voilà que maintenant, nous n'avons plus de parents du tout. »

La réponse de Max Gros-Louis est instantanée. « Je vous adopte toute la gang ! » Il veille alors sur les plus jeunes, surtout, et les soutient de toutes les façons possibles.

« Il m'est arrivé de me faire réveiller à trois heures de la nuit par l'une d'elles qui avait des problèmes, raconte-t-il. Je suis alors parti à son aide. J'ai accepté, c'est tout ! Mais je ne me gêne pas pour les brasser quand il le faut. »

Il semble que les filles Rankin le prennent plutôt bien. Mme Roux fait voir un sac qui avait été accroché à la poignée de porte extérieure de la maison. À l'intérieur, deux bocaux de betteraves marinées, signés Marianne Rankin, l'une de celles que Max avait déjà « pas mal brassées ».

CHAPITRE VII

LE VENDEUR

EN MAI 1964, MAX GROS-LOUIS
ET 10 AUTRES HURONS-WENDATS ATTERRISSENT
À L'AÉROPORT D'ORLY, À PARIS, AVEC UN CHEVREUIL,
UN LYNX, DES COUPLES DE CASTORS,
DE RATONS LAVEURS, DE PORCS-ÉPICS,
DE RATS MUSQUÉS ET DE LIÈVRES,
PLUS 42 TRUITES MOUCHETÉES TYPIQUES DES LACS
QUÉBÉCOIS, EN CHAIR, EN OS ET EN ARÊTES,
BEL ET BIEN VIVANTS.

LES « BIBITTES » SE RETROUVENT TOUTES dans le bureau des douanes où elles doivent rapidement être abreuvées et nourries, après 12 heures passées dans une soute d'avion, escale comprise.

Bien que les douaniers aient été prévenus, leur étonnement n'en est pas moindre. Des chiens, des chats, des chevaux même, c'est fréquent. Mais des espèces sauvages ? « Vous auriez dû voir la scène », rigole Roger Gros-Louis, le frère de Max.

— Que venez-vous faire en France avec cette ménagerie ?

— Nous venons danser, monsieur !

Les Hurons de Wendake ont été invités à venir faire connaître la culture amérindienne en France par le truchement d'une troupe de danse. Oné-Onti en profite pour organiser un échange d'animaux entre les deux pays avec le concours du Zoo sauvage de Saint-Félicien, au Lac-Saint-Jean, et d'un pendant français.

Les Français souhaitent tremper dans la culture amérindienne du Québec. Nous allons leur en mettre plein la vue, se dit Oné-Onti. Il ne pensait jamais si bien dire quand le chevreuil et les castors effectuent leur numéro-surprise dans ce que Roger Gros-Louis appelle le « ballon soufflé », à Tours, qui peut accueillir entre 200 et 300 spectateurs dans ses gradins. Il s'agit d'une sorte de chapiteau de toile gonflée à l'air chaud.

Les hôtes des Hurons y ont aménagé une forêt miniature avec un ruisseau pour accueillir la faune sauvage nord-américaine, question de constituer une ambiance appropriée aux spectacles de danse amérindienne. Durant les préparatifs, les truites commencent à nager dans leur ruisseau, le chevreuil à brouter dans son enclos et les castors à... travailler le bois. Mais voilà soudainement que le cervidé bondit par-dessus la clôture et se met à gambader à travers les chaises et les tables d'un banquet prévu le soir dans le « ballon soufflé », tandis que les castors causent une mini-inondation en construisant une digue dans le ruisseau.

« Le plus étonnant de tout ça, raconte Roger Gros-Louis, ce fut de voir un type attraper le chevreuil au vol, au beau milieu d'un saut. Il aurait pu être très gravement blessé par les ongles de l'animal qui coupent comme un rasoir. » « Durant les spectacles de danse, les lièvres couraient partout sur la scène, ajoute Max Gros-Louis, dans un éclat de rire. C'était absolument hilarant ! »

Max et Jean-Marie Gros-Louis adorent tous les deux la danse et estiment qu'elle serait un excellent véhicule pour faire mieux connaître la culture huronne. En 1962, ils fondent donc la troupe Les Hurons. Max Gros-Louis avait lui-même enseigné la danse à Montréal. Sa sœur Louisette enseigne encore la danse à l'école de Wendake. Jean-Marie avait été maestro de la troupe de danse de Marguerite Vincent, à Wendake ; son frère Roger et ses sœurs Céline et Micheline sont aussi de bons danseurs. Cinq autres Gros-Louis, non parents avec la famille de Max, font aussi partie de la troupe : les danseurs Adélard, Fernande, Hélène et Christiane, ainsi que Michel qui effectue des démonstrations de laçage de raquettes. Michel Laveau, Wendat lui aussi, est le seul danseur qui porte un autre nom que Gros-Louis. Enfin, Marcel Sioui fait aussi partie de la troupe comme joueur de clarinette.

L'Innu Tommy Raphaël fait également partie du voyage, bien qu'il ne soit pas danseur. Doté d'une force exceptionnelle, il effectue des démonstrations de force comme le portage de canot et de lourds fardeaux, des démonstrations de tissage de raquettes et d'autres techniques artisanales propres aux Amérindiens.

Max décroche et négocie les contrats, effectue les présentations ainsi que la narration, et joue du tam-tam. Les autres dansent. La troupe est dissoute en 1985, 23 ans plus tard. Les Gros-Louis ne peuvent d'autant pas l'oublier que cette année-là a vu mourir leur mère, Cécile Talbot, et que Les Hurons ont donné un spectacle à l'île d'Orléans, le jour de son décès.

132 Les Hurons répètent dans le sous-sol du couple Fernande et Michel Laveau, à Wendake. Ils dansent d'abord à Québec, vêtus des flamboyants habits d'apparat hurons-wendats confectionnés par les parents de Max et une Innue très proche des Gros-Louis, Fernande Connely. L'hôtel Hilton de Québec les propose à sa clientèle, lors de soirées gaiement animées par le défunt animateur radiophonique Rémy D'Anjou. Puis, ils dansent un peu partout au Québec et aux États-Unis.

Mais c'est en France que la troupe est la plus sollicitée. Le commissaire général de la Foire de Tours, ville riveraine de la rivière La Loire, avait vu danser Les Hurons lors d'une visite à Wendake. Il n'est pas question pour lui de recevoir le Canada et le Québec sans les Amérindiens. Sauf que les gouvernements fédéral et provincial ne veulent pas les y voir, estimant que la célèbre troupe de Blancs Les Feux-Follets suffit à la tâche, d'autant plus que Québec la subventionne.

Le Huron-Wendat Raymond Vincent, « un fonctionnaire cravaté qui n'avait pas une vision indienne des choses », selon Max Gros-Louis, porte plainte au gouvernement du Québec pour dire que son ex-adversaire politique ne connaît rien à la culture huronne. Vincent est alors petit chef au Conseil de bande.

« Je ne comprends pas que Tours ait invité Les Hurons pour nous représenter à la Foire, renchérit le ministre québécois des Affaires culturelles, Georges-Émile Lapalme. Ils ne sont pas du tout représentatifs du Québec moderne. Et mon ministère ne les a pas subventionnés. » Pour protester, le ministre refuse l'invitation du maire à participer à l'inauguration officielle du pavillon québécois de la Foire. Dans la même foulée, le gouverneur général du Canada, Georges Vanier, ne daigne pas saluer Les Hurons lorsqu'il visite le même pavillon. « Fallait le faire ! » s'indigne le clan Gros-Louis encore aujourd'hui.

133

Le commissaire de la Foire de Tours, Louis Fontaine, réplique par une lettre officielle expédiée à M. Lapalme, dont Max garde précieusement la copie. Tours, écrit M. Fontaine, souhaiterait que tous ses visiteurs se conduisent comme les Hurons du Canada. Et il termine par une citation de Jean de La Fontaine tirée de sa fable *Les animaux malades de la peste* : « Selon que vous serez puissant ou misérable, les jugements de cour vous rendront blanc ou noir. »

Max Gros-Louis déclare au journal *La Nouvelle République*, de Tours : « Vous pourrez dire que s'il y a des Hurons en France, il est peut-être resté quelques sauvages au Parlement du Québec pour s'inquiéter de notre venue. »

Cette foire d'empoigne donne lieu à l'une des plus fabuleuses perles journalistiques de l'histoire du journal quotidien français *Le Figaro*. Celui-ci écrit le 7 mai 1964 : « Ce n'est pas encore un incident diplomatique, mais le calumet de la paix est déterré. Le ministre québécois M. Lapalme, à la dernière minute, a renoncé à venir inaugurer la section canadienne de la Foire de Tours. » Les Français adorent les Indiens d'Amérique, mais semblent confondre calumet de paix et hache de guerre...

Lorsque Max Gros-Louis revient de France, des journalistes l'attendent à l'aéroport de Dorval pour qu'il commente l'épisode. Il critique d'abord le caractère raciste des propos de Georges-Émile Lapalme. Puis, il ne peut s'empêcher d'ajouter : « Tout ce que je peux dire au ministre, c'est que je ne vais pas le scalper. Il n'est pas "scalpable" ! » Le ministre des Affaires culturelles était en effet... chauve ! Oné-Onti en rigole encore aujourd'hui.

Les Hurons partent pour une autre tournée d'un mois et demi, cette fois à Tours, à Calais et à Marseille. Les Français en demandent et en redemandent. Les Hurons dansent matin, midi et soir, presque deux heures chaque fois. « Nous avons déjà présenté 72 spectacles en une semaine, raconte Roger Gros-Louis. Mes mocassins étaient pleins de trous et j'avais les chevilles tellement enflées que je devais me faire tremper les pieds dans l'eau le soir. » C'était dur, dit sa sœur Louisette, « mais la troupe était notre deuxième famille. On était soudés. »

Les Hurons effectuent trois autres de ces tournées infernales en France, en plus de se rendre aussi danser en Autriche, en Belgique et en Italie. Les frais de déplacement de la troupe sont tantôt assumés par les mairies, tantôt par des compagnies aériennes, tantôt par les ambassades ou les armées, tantôt par des associations culturelles Canada-Europe.

« Je m'assurais toujours d'avoir nos billets d'avion aller-retour avant de partir, indique Max Gros-Louis. Et nous séparions toujours les recettes de façon égale. Si on était 10 et qu'on touchait 200 $, 20 $ allaient à chacun. » Oné-Onti ne manque pas une occasion de vendre de l'artisanat amérindien. Et chaque fois, il sera à court de marchandise avant la fin de la tournée.

À la fin de 1984, grâce au concours du Groupe Voyages Québec, les Hurons-Wendats de Wendake sont invités à bord du « Forum Train de janvier » — qui existe toujours — mis sur pied par le Parti communiste français dans le but de faire connaître la création artisanale de ses passagers à travers la France tout entière. Ceux-ci bénéficient d'un stand d'exposition dans chacune des villes où ils font escale.

La vitrine est inespérée pour Max Gros-Louis et le Groupe Voyages Québec. Max Gros-Louis ne rate pas son coup et déploie tous les stratagèmes publicitaires possibles d'un bout à l'autre de la France où le fameux train fait escale. La tournée couvre 25 villes, en passant notamment par Paris et Lyon.

Quelques années plus tôt, Max Gros-Louis avait effectué la tournée des agences de voyages de Québec et leur avait dit : « Voulez-vous en vendre des voyages ? Mettez cette photo dans vos dépliants et dites à vos clients qu'un vrai chef indien va leur montrer une vraie réserve indienne ! » La photo n'était nulle autre que la sienne, la tête coiffée du fameux panache du grand chef huron-wendat.

Après avoir fait le tour des agences de voyages de Québec, Max Gros-Louis profite de sa renommée pour faire aussi celui de toutes les ambassades qui sont sur son chemin, tant au Canada qu'à l'étranger. « Les Hurons fabriquent des canots, des raquettes, des mocassins », leur fait-il valoir. Deux ou trois ans plus tard, il n'y a plus un seul assisté social dans la réserve, dit-il : « Nos entreprises ont même engagé entre 200 et 300 travailleurs blancs de l'extérieur de la réserve. »

« Max ne donnait jamais 50 cents sans être sûr de recevoir une piastre en retour ! » plaisante à peine son frère Jean-Marie. Marie Roux fournit cet échantillon de son humour: « Il dit souvent : "Donne une mouche (à pêcher) en cadeau à ta femme. Peut-être qu'elle te la redonnera..." »

Max Gros-Louis est aussi un excellent vendeur, chez lui à Wendake. « Vers l'âge de 35 ans, j'ai commencé par tenir des expositions artisanales dans une cabane en croûtes d'épinette d'environ cinq mètres sur cinq bâtie à côté de la maison, rappelle-t-il. Puis, je me suis mis à vendre des mocassins, des vestes de cuir, des chapeaux de rat musqué à la Davy Crockett, des bottes de loup-marin, des raquettes, des bijoux amérindiens, etc. J'écoulais des produits manufacturiers et artisanaux d'ici. Je vendais tout ce que mes parents produisaient».

L'hiver, il tient boutique dans sa propre maison. Les affaires ne cessent de croître. « Je produisais 2000 paires de raquettes de frêne blanc par année », raconte Max Gros-Louis. Un Amérindien de l'Ontario lui fournit des bijoux qu'il se procure parfois aussi loin que chez les Autochtones navajos de l'Arizona. « Je n'ai jamais vendu de produits *made in China* ou *made in Japan* », affirme-t-il.

Denis Picard a été à la fois un témoin et un acteur des succès commerciaux de Max Gros-Louis. Enfant, il habite tout près de la famille de Gérard Gros-Louis. Il joue dans la rue avec les enfants Gros-Louis de son âge, principalement avec Louisette et Céline. Max est 11 ans plus vieux que lui. « Il se contente donc de nous taquiner parfois en passant », raconte Denis Picard.

Mais vers l'âge de 16 ou 17 ans, ce dernier est de plus en plus fasciné par ce Huron qui se passionne pour l'histoire amérindienne et qui vend de l'artisanat dans sa maison. Il va donc voir Max Gros-Louis très souvent pour parler de choses et d'autres : histoire, hockey, boxe, etc. Tant et tellement qu'Oné-Onti demande à Denis Picard et à sa future femme Élise de l'aider à gérer son stand d'artisanat de l'Exposition provinciale de Québec, à deux pas de l'actuel Colisée de la capitale.

Déjà habitué de revêtir le costume huron traditionnel lorsqu'il danse à la salle Kondiaronk de la réserve, le couple enfile donc ses atours d'époque pour se rendre à l'Exposition vendre des mocassins, des raquettes, des peaux d'animaux, des minitambours fabriqués avec des boîtes de conserve, etc.

« Ça marchait tellement, raconte Picard, que Max a même été obligé de s'approvisionner dans l'Ouest canadien pour pouvoir vendre des bijoux amérindiens. Il allait lui-même effectuer des tournées pour faire ses achats là-bas. »

Oné-Onti va aussi exposer et vendre aux expositions iroquoises d'Oka. Les Iroquois mohawks y vivent en grand nombre et Max Gros-Louis s'en fait des alliés commerciaux et politiques. Il réfute d'ailleurs complètement la version de l'histoire blanche selon laquelle les Iroquois mohawks ont fait la guerre aux Hurons avant l'arrivée des Européens au Canada. « Il y a peut-être eu des petites chicanes, dit-il, mais pas de guerre. »

Oka organise alors de grandes fêtes folkloriques populaires. « Élise, Max et moi paradions costumés en Hurons dans les rues d'Oka sur un char allégorique, raconte Denis Picard. Max jouait du tam-tam. Le soir, nous dormions dans une salle du collège. »

Max Gros-Louis se rend aussi exposer et vendre une dizaine de fois à l'Exposition annuelle du Palais du Commerce de Montréal. Il va à Trois-Rivières, à Sherbrooke et même une fois à Boston.

La publicité que les agences de voyages et les ambassades font gracieusement à Max en Europe font débarquer de plus en plus d'autobus remplis de Français dans son salon, au point d'embouteiller la maison l'hiver tandis que la cabane-magasin déborde tout autant l'été. « Il vendait à la caisse », dit son frère Jean-Marie.

Il construit donc une sorte de rallonge au magasin, devenue plus tard le couloir reliant la maison au fameux tipi de bois de l'avenue Wendat, toujours attenant à sa maison mais transformé depuis par son fils Mario. « Le tipi a accueilli 300 Européens par jour durant 30 ans, affirme Max Gros-Louis. Si je sais compter, ça fait quelques millions, non ? »

Au début, sa boutique est gérée la plupart du temps par sa femme et ses enfants. Max est ailleurs, occupé à mener son combat politique. Ses deux filles Line et Isa travaillent parfois au magasin, où elles achèvent de charmer une clientèle déjà tout excitée d'être chez les Indiens du Canada. « Le magasin a été une grande source d'éducation, affirme Isa. Apprendre à servir le public, à gérer la caisse, à faire des présentations culturelles, apprendre la valeur du travail ont été de grands atouts. »

Plus tard, il embauche deux vendeuses, dont Annie Roux, la fille de sa nouvelle conjointe, en plus d'Elphège Picard, qui s'occupe en même temps des enfants.

139

―――――――――

Son talent de vendeur, Max Gros-Louis l'a exploité bien avant l'ouverture de sa boutique. En 1956, Jean-Marie, alors simple employé de la Teinturerie Française, en haute-ville de Québec, place son grand frère comme représentant du gros manufacturier Brother Canada. « Tu as un grand talent de vendeur », le convainc son frère cadet.

Max Gros-Louis lui donne mille fois raison en vendant des machines à coudre de maison en maison. « J'étais le meilleur vendeur du jour ! proclame-t-il. Le meilleur vendeur de la semaine ! Le meilleur vendeur du mois ! Et le meilleur vendeur de l'année ! »

« Il n'entrait jamais dans une maison sans vendre une machine à coudre », exagère à peine Jean-Marie, qui n'était pas du tout surpris de ce succès : « Déjà, à Montréal, Max vendait des plaques d'adresses et de noms pour les façades des maisons. Et quand il venait faire un tour à Québec, il repartait avec une dizaine de commandes. »

Oné-Onti, le « bon pagayeur » devenu le bon vendeur, ratisse les campagnes de la Gaspésie, du Bas-Saint-Laurent, de Portneuf et, surtout, de la Beauce. « J'aimais le contact direct, dit-il. Je rencontrais le vrai monde, les habitants, les gens de la terre. Pas du monde figé dans de grands maudits papiers longs de même ! Une poignée de main faisait office de contrat. Et je n'ai jamais perdu une cenne. »

Il n'est toutefois pas toujours payé en argent sonnant. Un client lui tue un veau. D'autres lui donnent des légumes ou du sirop d'érable. « J'arrêtais voir des *madames*. Je nettoyais leur machine à coudre. Et je leur apportais un paquet d'anguilles, par exemple, en échange de noms de clientes potentielles. »

Il ne vend pas seulement aux Blancs. Il vend aussi des machines à coudre aux Hurons de Wendake, puis aux Micmacs de Maria et de la réserve Restigouche (devenue Lustuguj), en Gaspésie, une région qui fait aussi partie de son territoire de représentant Brother.

Max Gros-Louis vend tant et tellement que son employeur lui ouvre les territoires de tous les Amérindiens du Québec, alors répartis en 10 nations et 42 communautés. Il en profite pour visiter systématiquement tous leurs habitats afin de découvrir leurs conditions de vie exactes et, surtout, de connaître leur état d'esprit. Il y décèle une fierté qui le stimule.

———————

En 1965, Max Gros-Louis ressuscite les pow-wow de Wendake, une grande fête estivale qui dure entre 10 et 16 jours à l'origine, et à laquelle participent jusqu'à 200 festivaliers venus de partout au Canada et aux États-Unis. Il organise en même temps les Jeux amérindiens, ouverts à la fois aux Blancs et aux « Peaux-Rouges ». « C'est en rencontrant les autres Premières Nations que j'ai eu cette idée », explique-t-il. Le pow-wow annuel a toujours lieu tandis que les Jeux amérindiens ont été annulés.

Les concurrents se disputent des courses de canot et de raquettes à neige même sur la terre ferme. Ils se livrent à des compétitions de portage de poids lourds, de fer à cheval et de tire au renard. Ils participent à des tournois de souque à la corde et à des concours de laçage de raquettes à la babiche, de la peau animale découpée en lanières. Ils exécutent leurs plus belles danses, vêtus de leurs plus beaux atours de cuir à franges. La sagamité, une soupe amérindienne composée d'orignal, de chevreuil, de fèves rouges et de maïs, est au cœur des grands festins collectifs au programme.

Lors des pow-wow, Michel Picard tient un restaurant de fortune sur le boulevard Bastien, la rue principale de Wendake. Le lieu s'appelle Chez L'Ours. « Ça ne dérougissait pas, raconte cet ancien petit chef de bande. En 1984 (*NDA : année des Fêtes de la voile à Québec*), j'ai eu jusqu'à 64 personnes pour faire rouler le restaurant. J'avais du monde au boulot 24 heures sur 24 pour faire la cuisine et pour servir. » Les clients y mangent de l'orignal, du caribou, du castor, du pain indien, de la galette. Et, bien sûr, la fameuse sagamité.

Max Gros-Louis préside, anime et fait la promotion des pow-wow tandis que ses frères Jean-Marie et Roger veillent à l'organisation et que Bruno leur assure toute la collaboration du secteur Développement communautaire de la réserve, dont il est le président. Bruno est aussi membre du conseil d'administration de la caisse populaire locale. Le clan Gros-Louis en mène large. « Certains désignaient les pow-wow comme le *power Gros-Louis* », illustre Roger.

Si le pow-wow dure entre 10 et 16 jours, il faut pourtant six mois pour l'organiser, se souvient Roger. « Et c'était du pur bénévolat », insiste-t-il. Durant quelques années, les organisateurs obtiennent chaque fois 3000 $ du ministère des Affaires indiennes et du Nord canadien pour amener les Autochtones des autres réserves québécoises au pow-wow. « Nous avons fait venir les Indiens du Grand Lac Mistassini, de Pointe-Bleue (Mashteuiatsh) et de Betsiamites, indique Roger Gros-Louis. Nous avons eu le malheur de les loger une fois à l'hôtel Loretteville. Nous l'avons regretté ! »

Marie Roux, propriétaire de l'hôtel, téléphone au grand chef Max Gros-Louis pour le supplier de venir chercher « ses Indiens » au plus sacrant. « Vous auriez dû voir le brouhaha dans la cabane ! » se souvient très bien Marie Roux. « Plusieurs de ces Indiens-là nous arrivaient du fin fond des bois et ne connaissaient absolument rien à la ville, raconte Max Gros-Louis. J'en ai même vu prendre leur douche avec leurs bottes dans les pieds ! Et ils mangeaient comme c'est pas possible. Un jour que j'en avais quelques-uns à la maison, j'achète une fesse de jambon et la dépose sur la table avec du pain. Je sors faire une course. Quand je reviens, il ne reste plus qu'un os sur la table. »

Bien que passablement modifiée, la tradition des pow-wow de Wendake se perpétue aujourd'hui. Celui de l'édition 2011 a attiré 10 000 visiteurs en trois jours. Sans compter l'argent dépensé dans les restaurants, les hôtels et autres commerces. Ce sont des retombées considérables, pour une petite communauté de 3000 personnes seulement.

———

En 1987, Oné-Onti et son fils aîné Alain achètent une ferme à Wildwood, en Alberta, pour y faire l'élevage de wapitis. Leurs cornes se vendent à prix d'or en Corée, au Japon et en Chine, jusqu'à 550 $ le kilogramme à ce moment. Les Asiatiques les transforment en une poudre qu'ils prétendent aphrodisiaque. Les Gros-Louis y flairent la bonne affaire. « Quand tu as un mâle avec un panache de 50 livres (22,6 kg) sur la tête, tu l'aimes-tu ! » s'exclame Max Gros-Louis. Aujourd'hui, les panaches de wapitis ne valent plus que 75$ à 90 $ le kilogramme.

Max a vendu ses bêtes à Alain en 2008, qui les élève maintenant pour la viande. Il achète aussi une partie de la terre de son fils pour y bâtir une grande maison en bois rond de pin, à 1,6 km de celle d'Alain. « C'est beau, c'est beau, ça n'a pas de bons sens », s'enthousiasme-t-il. Tout comme sa maison de Wendake, celle de Wildwood est abondamment décorée de panaches, de peaux et de fragments d'animaux et d'oiseaux de multiples espèces. Il y fait des séjours d'environ deux mois deux ou trois fois par année, accompagné de Mme Roux.

À l'époque des wapitis, Max Gros-Louis cultive ses champs pour les nourrir. Aujourd'hui, il les loue à un éleveur albertain qui possède entre 400 et 500 vaches. Celui-ci les laboure, y sème de l'avoine, de l'orge, de la luzerne et donne un tiers des récoltes au Huron. « Ça fait mon affaire et lui, la sienne », dit ce dernier. D'autant plus qu'il vend généralement son tiers à cet agriculteur lui-même !

Deux puits de pétrole ont été creusés dans ses champs. Et cinq dans ceux d'Alain. Le sous-sol appartient aux gouvernements, rappelle Max Gros-Louis. Le mieux que puisse faire le propriétaire de la surface est de louer des droits de passage aux compagnies de forage. « Ça ne donne pas 2000 $ par année, affirme l'octogénaire. Et l'huile sort à plein. »

— Êtes-vous riche, M. Gros-Louis ?

— C'est quoi être riche, aujourd'hui ?

« Mon père vaut au moins 6 millions $, estime son fils Kino. Il possède entre autres 12 logements à louer dans 10 maisons. » Si la question est posée à Jean-Marie, Bruno et Roger, trois des frères de Max Gros-Louis, ils répondent textuellement tous de la même façon : « Ça doit... Et il a travaillé pour. »

L'intéressé dit trouver l'estimation de son fils très rigolote. Mais il refuse systématiquement de dire s'il vaut moins ou s'il vaut plus. « Quelle importance l'argent ? » est souvent sa réponse, en pareil cas.

Le fils cadet de Max Gros-Louis ne parle pas tout à fait sans connaissance de cause. Il a souvent fermé le magasin d'artisanat en fin de journée, puis effectué le compte de la caisse enregistreuse. Et aujourd'hui, il gère les logements de son père en son absence et collecte les loyers.

« Nos pères ont trimé dur pour réussir, commente sa fille Line. Ils sont de la génération de l'après-guerre. Papa a toujours peur de manquer de quelque chose. »

CHAPITRE VIII

L'HOMME POLITIQUE

« *INDIANS OF QUEBEC ARE TIRED
TO BE FUCKED BY QUEBEC GOVERNMENT !* »
LANCE ONÉ-ONTI À OTTAWA EN 1969,
DEVANT LA FRATERNITÉ NATIONALE DES INDIENS
(FNI) QUI A ÉTÉ EN QUELQUE SORTE
L'ANCÊTRE DE L'ASSEMBLÉE DES
PREMIÈRES NATIONS.

SILENCE ET STUPÉFACTION dans une salle bondée d'auditeurs. Le tout nouveau ministre des Affaires indiennes et du Nord canadien, Jean Chrétien, tente de lui faire comprendre que quelque chose ne va pas, tandis que la traductrice-interprète est muette comme une carpe.

— Allez, madame, traduisez ce que je viens de dire.

— C'est que, monsieur, *fuck* est un mot sexuel en anglais.

— C'est ça que je veux dire. Les Indiens se font *fourrer* par le gouvernement du Québec !

Jean Chrétien ne se souvient pas de cet incident en particulier, mais il dit reconnaître là le style de l'homme.

« Je disais moi-même toujours ce que je pensais et parfois ça faisait mal, dit M. Chrétien. Et Max était un peu comme ça. C'est peut-être l'une des raisons pour lesquelles on s'entendait bien, lui et moi. Nous avions la même capacité de faire avancer rapidement les choses. Ça allait vite avec moi, ça allait vite avec Max Gros-Louis aussi. »

« J'avais voulu prononcer quelques mots en anglais, par politesse pour les Amérindiens anglophones, explique aujourd'hui Max Gros-Louis. J'ai compris ce jour-là que je devais améliorer mon anglais ! » Ce qu'il a fait, dit-il, sans devenir bilingue pour autant.

« Tu vas te ramasser en prison ! » lance Gérard Gros-Louis, lorsque son fils Magella, 12 ans, revient de la chasse avec son premier orignal. « J'irai en prison, c'est tout ! réplique vivement ce dernier. Puis, on ira en cour. »

Gérard Gros-Louis siège alors au Conseil de bande de Wendake comme petit chef. Il le fera durant 20 ans, de 1938 à 1958. « L'homme était strict », se rappelle sa petite-fille Line, elle-même chef de famille aujourd'hui, nouvelle appellation de ce qui était autrefois petit chef. « Il respectait les lois et voulait les faire respecter », ajoute-t-elle.

Mais autour de la table familiale, le paternel tient un discours parallèle. Il parle des droits ancestraux des Amérindiens, qui ont été bafoués, à sa grande honte.

— A-t-on des droits ou pas ? questionne chaque fois son fils aîné.

— Oui, on a des droits, mais..., tempère le père.

— Il n'y a pas de *mais*. Si on a des droits, on va les exercer !

— Tu vas aller en prison...

— Si on a des droits, vous allez arrêter de me faire peur. On ira en prison, c'est tout !

« C'était déjà écrit dans le ciel que Max ferait de la politique », dit sa sœur Louisette.

Il est effectivement élu grand chef de Wendake en 1964, à l'âge de 33 ans seulement, après la démission d'Alphonse T. Picard. La réserve compte 1500 habitants. Les 300 électeurs qui se rendent aux urnes lui donnent une mince majorité de trois voix sur Raymond Vincent, un petit chef qui tente de devenir grand chef. La popularité de Max Gros-Louis lui venait de ses exploits sportifs, estime-t-il, 48 ans plus tard.

— Pourquoi ne pas avoir d'abord brigué un poste de petit chef, M. Gros-Louis ?

— Parce que je croyais avoir les capacités d'un grand chef.

Le nouveau grand chef ne perd pas de temps. Lorsqu'un écolier est gravement blessé par un camion sur le boulevard Bastien, il fait venir des camions remplis de sable pour bloquer l'artère en cause entre le pont des chutes Kabir Kouba et la salle Kondiaronk. Les véhicules moteurs y roulent à un train d'enfer malgré la présence de l'école. Max Gros-Louis veut stopper ce manège. Il n'arrive pas à savoir de quelle administration publique relève cette rue. Est-ce du gouvernement fédéral, du gouvernement provincial ou de la Ville de Québec ? On va bien voir, se dit-il.

Par peur de représailles, « le camionneur ne voulait pas vider son sable dans la rue », raconte Luc Lainé, un ancien chef familial qui a aussi été chef de cabinet de Max Gros-Louis. « Max lui a dit : "Ou tu le vides ou tu sors du camion et je le vide moi-même !" » Il a fait aussi bloquer l'artère principale du haut du village, la rue de La Faune, pour être sûr de son effet.

Ce fut le premier grand coup d'éclat de ce chef sorti de nulle part, estime Luc Lainé, qui a pratiquement vécu dans les « bottes » de Max-Gros-Louis de 1988 à l'an 2000, après avoir été séduit par le personnage depuis sa tendre enfance. Le boulevard est bloqué pendant plusieurs jours. L'incident fait les manchettes. Max Gros-Louis se retrouve sur les ondes de la télévision montréalaise. Un sous-ministre de la Voirie provinciale vient constater le blocus sur les lieux. Un vent de sympathie souffle en faveur du grand chef huron-wendat.

« Le feu de la fierté s'allume dans la réserve, témoigne Lainé. On a alors l'impression qu'on commence à se mettre debout après presque 100 ans d'asservissement à la loi sur les Sauvages. C'est là que Max Gros-Louis est sorti de l'ombre. Ce fut l'incident déclencheur de sa notoriété publique. » Le gouvernement provincial était responsable du boulevard Bastien. Il a pris les mesures réclamées par le leader amérindien.

« J'étais assis sur le fameux tas de sable du blocus », raconte Denis Picard, qui a siégé 16 ans comme petit chef aux côtés de Max Gros-Louis. Mais ce qui intéresse d'abord cet ex-enseignant et directeur d'école, c'est la destinée des Hurons. Il s'investit donc dans le développement communautaire de Wendake. Il met sur pied un terrain de jeu, s'occupe de loisirs et devient secrétaire bénévole du Conseil de bande de la nation huronne-wendate. Devenu petit chef, il siège aux côtés des élus du Conseil de bande et va enfin voir comment les choses s'y passent.

151

« Lors des réunions du Conseil, raconte-t-il, ce n'est pas le grand chef assis au bout de la table qui décide. C'est l'envoyé du ministère canadien des Affaires indiennes et du Nord canadien à titre d'agent des Sauvages de Wendake, Elmo Levert, ce qui me tombe royalement sur les nerfs. Il gère à peu près tout ce qui compte sur la réserve, parallèlement au Conseil de bande. Tout vient d'en haut. Les séances du Conseil se déroulent dans le désordre total : pas de proposeur, pas de secondeur. Et en plus, chaque fois que nous réclamons quelque chose, Levert répond : "C'est impossible." Comme il a été impossible de rencontrer le patron de Levert, quand je l'ai réclamé avec insistance. »

Denis Picard n'en peut plus. Il finit par dire à Max Gros-Louis : « Il faut absolument que nous devenions autonomes. » La phrase ne tombe pas dans l'oreille d'un sourd. « Après mon élection, raconte Max, je dis à Levert : "À partir de maintenant, toi, tu prends des notes et moi, je décide." Il me répond : "Ben non, ça ne marche pas comme ça." Je lui dis : "Maintenant, ça marche comme ça." Nos grands chefs étaient peureux. Nos gens étaient soumis à tout, à cause d'un immense complexe d'infériorité. »

———

152 Marie Roux constate chaque jour le complexe des Hurons-Wendats avant même de connaître son conjoint Max Gros-Louis. « Les Hurons avaient honte d'habiter la réserve », témoigne-t-elle. « Il n'y avait rien dans les réserves autochtones dans ce temps-là », témoigne l'ancien premier ministre Jean Chrétien, qui a été ministre des Affaires indiennes et du Nord canadien durant six ans, soit le plus long mandat de toute l'histoire à ce poste. « Trudeau m'a nommé, dit-il, et j'ai réussi à donner plus de pouvoirs aux Indiens même s'ils n'ont pas toujours obtenu tout ce qu'ils voulaient. »

Les Hurons-Wendats étaient un peuple d'assistés sociaux avant l'arrivée de Max Gros-Louis, analysent à l'unisson les anciens petits chefs Luc Lainé et Denis Picard. « La réserve n'avait pas d'eau, rappelle ce dernier. Pas d'électricité non plus, pas de service d'enlèvement des ordures ménagères. Un arracheur de dents se promenait dans le village et édentait les jeunes Hurons pour de simples caries qui auraient pu être réparées. »

Le jeune chef délégué Denis Picard, qui est pour ainsi dire l'intellectuel du Conseil de bande, devient de plus en plus l'homme de confiance de Max Gros-Louis, bien qu'il ne se prive jamais d'exprimer ses désaccords avec le grand chef. « J'ai clairement expliqué à Max, raconte Picard, que je voulais travailler pour la communauté et que si, lui, voulait y servir son intérêt personnel, je m'y opposerais. » Picard dit qu'il a eu exactement la même attitude d'opposant lorsque Konrad Sioui a voulu se voter un fonds de pension. « J'ai alors plaidé le fait que les élus ne sont pas des employés. Que s'ils veulent un fonds de pension, ils n'ont qu'à devenir fonctionnaires. Et j'ai bloqué son projet. »

Au-delà de certaines divergences avec lui, Denis Picard admire l'intelligence et la sagacité de Max Gros-Louis, sa soif de connaissances, sa capacité d'analyse et son immense sens politique. Il comprend vite que l'immense charisme du grand chef peut mener ses propres idées très loin, en même temps que celles de l'autre. Il plonge donc tête première dans la « révolution tranquille » des Hurons-Wendats, parallèlement à celle que vit le Québec tout entier.

153

Ses collègues directeurs d'école surnomment Denis Picard « le grand sage », se remémore ce dernier. Picard devient aussi une sorte de sage pour Max Gros-Louis. Ce qui permet à l'éducateur de faire avancer rapidement son projet d'école laïque pour sortir les enfants hurons de l'empreinte des religieuses, son projet de meilleures conditions de logement pour les siens, celui d'un bon système de santé, etc.

Denis Picard ne peut pas viser plus juste. Le programme politique de Max vise prioritairement à instruire les jeunes Hurons-Wendats, donc à construire une école; à agrandir la réserve devenue étouffante; et à améliorer l'habitation et la santé de son peuple.

La réserve est passée de 410 m² à 1,65 km², se réjouit aujourd'hui Max Gros-Louis. « On a bâti un réseau d'aqueduc et d'égouts et obtenu de l'eau de la Ville de Québec; ça mettait fin à notre dépendance de Loretteville qui nous coupait l'approvisionnement de temps à autre. Et on a lancé un grand programme d'habitation pour permettre aux gens de devenir propriétaires. »

Jean-Marie Gros-Louis, qui deviendra plus tard gérant de bande de Wendake, participe allègrement à ce programme d'accès à la propriété. Le Conseil de bande bâtit 10 maisons par année à 8 500 $ chacune, précise l'ancien haut fonctionnaire, grâce à l'argent qu'accepte d'avancer le ministère des Affaires indiennes et du Nord canadien. Le client assume les frais de ses fondations. Il doit ensuite rembourser 7 500 $ en 20 ans, à 7 % d'intérêt.

La renommée de Max Gros-Louis et ses talents de mise en marché relancent l'économie manufacturière de la réserve, en même temps que son économie touristique. Wendake décroche notamment des contrats pour la fabrication de raquettes destinées à l'armée canadienne et à Hydro-Québec. Les Hurons ne se limitent pas à leur production patrimoniale traditionnelle : canots, raquettes, mocassins. Ils ouvrent des manufactures d'échelles, de planchers de bois franc, etc.

Oné-Onti fonde aussi la Caisse populaire de Wendake ainsi que l'Association des gens d'affaires hurons de Wendake.

Il a vraiment sorti la réserve de la dèche, conviennent plusieurs témoins de l'avant-Max Gros-Louis et de l'après-Max Gros-Louis. « Il nous a mis sur la carte ! » lance spontanément l'ancien petit chef Michel Picard. Le grand chef gagne quatre élections consécutives sans adversaire pour des mandats de deux ans chacun.

Sur le plan national, Max Gros-Louis annonce ses couleurs sans détour. « Nous resterons Indiens quoi qu'il arrive », déclare-t-il le 16 mars 1983 devant les 11 premiers ministres du Canada. Ils sont alors réunis à Ottawa pour une conférence constitutionnelle sur les droits des Autochtones.

« Vos gouvernements se vantent des programmes d'aide aux pays en voie de développement en Afrique ou ailleurs, poursuit le grand chef huron. Regardez autour de vous cependant, le quart-monde existe et il se trouve à cette table. Un quart-monde fier et destiné à s'épanouir en dépit de vos arguments juridiques souvent ternes et volontairement incompréhensibles. Cet épanouissement se fera avec vous, malgré vous ou contre vous. »

———

Max Gros-Louis et d'autres grands leaders amérindiens — entre autres le Mohawk Andrew Delisle, de Kahnawake, ainsi que les Innus Aurélien Gill, de Mashteuiatsh, et Daniel Vachon, de Maliotenam — parviennent en 1965 à fonder l'Association des Indiens du Québec (AIQ) malgré un obstacle gigantesque : la langue. Le Québec compte alors 10 nations autochtones réparties dans 42 communautés. Plusieurs ne parlent ni français, ni anglais. Max

Gros-Louis a le bonheur de dénicher les précieux interprètes absolument indispensables à rassembler ceux
que le navigateur italien Jean Cabot, lors de son voyage à
Terre-Neuve, avait nommés « Peaux-Rouges » parce que
les Béothuks se graissaient le visage d'une sorte d'ocre
rouge. Le Cri Robert Kanatewat traduit du cri à l'anglais
et vice-versa. L'Inuit Zebede Nounga effectue le même
boulot pour sa langue.

La langue n'est pas le seul obstacle. Les réserves les plus
peuplées, celles des Cris de la baie d'Hudson et de la baie
James, ne sont accessibles par aucune voie carrossable ni
ferroviaire. Seuls les villages côtiers peuvent être atteints
par bateau, mais l'été seulement. Pour les autres, il y a
bien l'hélicoptère et l'hydravion chaussé de skis, mais les
Amérindiens n'en ont vraiment pas les moyens. De sorte
qu'il faut quatre années à Max Gros-Louis pour bâtir un
réseau québécois de solidarité amérindienne.

Celui-ci effectue méthodiquement le tour des communautés amérindiennes du Québec. Il se rend dans les réserves
et visite les campements de chasse s'il le faut. Il a toujours
son appareil photo avec lui pour leur tirer le portrait et leur
donner leur carte de membre de l'Association des Indiens
du Québec (AIQ). Il leur explique ce qu'est une association au moyen d'un exemple qui fait mouche chaque fois.
Il prend des petits bouts de bois et les casse facilement : ce
sont les Amérindiens chacun dans leur coin, dit-il. Puis, il
fait ensuite un paquet de petits bouts de bois et les défie de
le casser : c'est une association d'Amérindiens, conclut-il
avec succès.

Certaines des premières réunions des chefs amérindiens
se tiennent autour de la table de la petite cuisine de Max

Gros-Louis. « C'était pas drôle au début, dit-il. On partait de très, très loin. Les chefs du Grand Nord parlaient des problèmes de leurs petites épinettes et de la chatte qui s'était pris la patte dans un piège de trappe ! Et moi, j'avais à les convaincre que le gouvernement allait bâtir des barrages sur leurs terres et qu'ils devaient s'en mêler. »

Le grand chef mohawk Andrew Delisle, le grand chef cri Malcolm Diamond, père de Billy, ses homologues José-Sam Atkinson et Smally Petawabano, les grands chefs algonquins Thomas Rankin et Michael McKenzie ainsi que les grands chefs innus Harry Kurtness et Daniel Vachon défilent dans la cuisine de Max Gros-Louis, comme tant d'autres. Au menu de ces réunions de l'AIQ figurent la fiscalité, les droits territoriaux, la chasse et la pêche.

Max défie les lois du Québec en organisant des groupes de chasse hors saison dans la Réserve faunique des Laurentides. Le coup d'éclat soulève l'ire de certains chasseurs blancs qui crient au braconnage. « S'ils veulent nous arrêter, qu'ils le fassent ! » clame Max Gros-Louis. Mais jamais aucune autorité n'osera le faire pour la chasse ou la pêche.

La notoriété d'Oné-Onti continue entre-temps de gonfler à la vitesse d'une montgolfière. « Max prononçait des conférences dans les cathédrales d'Europe à la demande des *monseigneurs*, raconte son frère Jean-Marie. C'était pratiquement des "sermons" sur la condition des Premières Nations d'Amérique. » Il a par exemple « prêché » dans la cathédrale d'Udine, en Italie.

À compter de 1964, les Amérindiens du Québec ne paient plus de taxes ni d'impôts s'ils demeurent et gagnent leur salaire dans leur réserve; s'ils habitent leur réserve mais travaillent à l'extérieur, ils paient des impôts mais pas de taxes. Max Gros-Louis obtient aussi que les femmes amérindiennes et leurs enfants reprennent le statut perdu quand les premières épousent un Blanc. « Ce ne sont pas les Russes qui décident du statut des Canadiens, justifie-t-il. Ce ne sont pas les Blancs canadiens qui vont décider du statut des Premières Nations. » Ils ont désormais le droit de voter aux élections fédérales et provinciales. Ils peuvent devenir propriétaires. Et plus encore.

———

En 1971, Max Gros-Louis, alors secrétaire-trésorier de l'Association des Indiens du Québec, et l'avocat James O'Reilly s'adressent aux tribunaux afin de faire stopper les travaux hydroélectriques de la baie James pour le motif qu'ils allaient à tout jamais détériorer le mode de vie des Cris et des Inuits. Le premier ministre du Québec, Robert Bourassa, plus tard surnommé « le père de la baie James », entreprend d'y bâtir l'une des plus grosses centrales hydro-électriques au monde. Il y voit un extraordinaire levier éco-nomique pour créer les 100 000 emplois promis lors de la campagne électorale qui l'a mené au pouvoir, en 1970.

Mais les Cris du Québec désapprouvent le projet de dévia-tion des rivières Caniapiscau, Eastmain et Opinaca rendu nécessaire par le mégachantier de Robert Bourassa. Cette déviation perturberait gravement nos activités tradition-nelles de chasse, de pêche et de trappe, plaident-ils.

Lors d'une assemblée extraordinaire tenue au grand lac Mistassini, au nord-ouest du Lac-Saint-Jean, en mai 1971, les grands chefs cris adoptent unanimement la résolution suivante :

« Nous, les représentants des bandes cries qui seront touchées par le projet hydroélectrique de la baie James ou tout autre projet du genre, nous opposons à ces projets car nous estimons que seuls les castors ont le droit de construire des barrages sur notre territoire. Nous demandons au ministre des Affaires indiennes d'exercer son pouvoir pour empêcher toute tentative d'intrusion du gouvernement du Québec ou de toute autre autorité sur le territoire qui nous appartient de droit. »

Les Inuits du Québec sautent dans l'arène aux côtés des Cris quelque temps plus tard. Ils ont compris l'intérêt de le faire, malgré certaines divergences d'opinions.

La bataille s'annonce longue et ardue. L'AIQ mobilise une armée d'experts qu'elle espère voir démontrer les torts que causera le chantier de la baie James aux Cris et aux Inuits. Le président de l'AIQ, le Mohawk Andrew Delisle, et son secrétaire-trésorier, Oné-Onti, déposent même en octobre 1973 une plainte pour outrage au tribunal contre Robert Bourassa à la suite de la publication d'un livre intitulé *La Baie James*. Le premier ministre du Québec y écrit notamment qu'une infime minorité d'Autochtones vivent encore de la chasse et de la pêche.

« La Baie James n'est plus un projet, mais une réalité concrète. Rien ne peut plus entraver notre marche en avant. » Voilà le passage du livre qui horripile le plus le regroupement autochtone. Andrew Delisle qualifie cet extrait de tentative délibérée pour influencer la décision du juge Albert H. Malouf, de la Cour supérieure du Québec,

qui instruit le procès. « C'est comme si le premier ministre avait intentionnellement oublié que la décision du juge
n'était pas encore rendue, renchérit Max Gros-Louis. À
défaut de présenter une vision nouvelle du problème de
la baie James, son livre ne sert que sa propagande ».

Un vaste mouvement d'appui aux Amérindiens balaie
tout le Québec et une partie du Canada. Le ministre canadien des Affaires indiennes et du Nord canadien et futur
premier ministre, Jean Chrétien, accorde une aide de
275 000 $ aux « Peaux-Rouges » et presse Bourassa de
régler le différend.

« Robert n'était pas *ben ben* content de ça, confie
aujourd'hui Jean Chrétien. La mentalité du Québec à
propos des Autochtones ne leur était pas très favorable,
à l'époque. Quand j'ai été nommé ministre des Affaires
indiennes, des gens me disaient que j'étais devenu
ministre des sauvages. C'était assez épouvantable. »

Même l'Église s'en mêle. Les évêques catholiques du
Québec publient une déclaration soutenant que « les
droits des Indiens et des Esquimaux doivent être res-
pectés ». L'Église anglicane du Canada adopte une résolution unanime en faveur des Amérindiens lors de son
26ᵉ synode général.

Le procès de la baie James s'ouvre à Montréal, devant le
juge Malouf. « C'était un travail à plein temps, raconte
Max Gros-Louis. Préparer les témoins cris et inuits
constituait une énorme tâche. On simulait le tribunal.
On les mettait dans la boîte aux témoins et je jouais le
rôle de l'avocat adverse qui pose ses questions. Mais nos
amis ne comprenaient pas le principe et se fâchaient

contre moi. » Tout cela, bien sûr, alourdi par l'usage constant d'interprètes.

Mais le juge se montrait tolérant, reconnaît Max Gros-Louis, du fait de la complexité de la situation. Surtout que certains arguments du gouvernement frisaient le mépris. Par exemple, ce passage dont se souvient particulière-ment bien Max Gros-Louis : « On ne va pas priver tout un peuple d'un grand projet économique pour quelques petits mocassins et quelques petits pots de confiture ! »

Garder les Inuits du Grand Nord « enfermés » durant tout ce temps dans une métropole comme Montréal n'est pas une sinécure. L'AIQ loue un étage complet d'un hôtel situé au coin des rues Sainte-Catherine et Saint-Hubert dans lequel ces clients inhabituels sont complè-tement désemparés. Non seulement n'ont-ils jamais vu une ville, mais ils n'ont jamais pu imaginer qu'elle puisse entre autres être aussi « dénaturée », selon leur point de vue. « Pour qu'ils consentent enfin à manger, raconte Max Gros-Louis, il a fallu faire venir des loups-marins qu'ils mangeaient crus. Et ils les suspendaient entre-temps dehors, accrochés aux fenêtres de l'hôtel. »

Quand ils aperçoivent des arbres plantés dans des vases le long des boulevards, ils sont pris d'un incontrôlable fou rire. Pourquoi ? demande Max Gros-Louis à un interprète. « Ils ne comprennent pas que des êtres supposément sen-sés coupent des arbres dans la forêt pour les mettre dans des pots ! »

Le 15 novembre 1973, après avoir entendu 167 témoins et examiné 312 pièces à conviction, le juge Malouf prononce une injonction interlocutoire qui paralyse le chantier de la baie James pour sept jours. Il dira plus tard que c'est la plus importante décision de sa carrière. Le jugement est cassé une semaine plus tard par la Cour d'appel. Mais il force le Québec à s'asseoir avec les Autochtones.

En 1974 s'amorce un long et laborieux processus de négociations de l'AIQ avec le gouvernement du Québec à propos du territoire de la baie James. Me Jacques Beaudoin est le négociateur principal de l'organisation. Robert Kate est l'interprète. Max Gros-Louis est à leurs côtés au nom de l'AIQ.

Après un an de discussions corsées, les Amérindiens et le Québec signent la Convention de la Baie-James et du Nord québécois, plutôt appelée « traité » par Max Gros-Louis et les siens. Le grand chef des Cris du Québec, Billy Diamond, la qualifie d'«entente la plus progressiste intervenue entre des membres des Premières Nations et un gouvernement, tant au Canada qu'à l'échelle mondiale ».

La Convention de la Baie-James touche 10 000 habitants (42 000 en 2005) du Nord québécois, des Autochtones cris et inuits en très grande majorité, qui sont éparpillés sur un territoire de 184 000 km². Ils passent d'un vieux statut complètement flou à celui de Québécois à part entière. Québec y créera 21 nouvelles municipalités. Ils auront leurs écoles, leurs services sociaux, leurs policiers et leurs tribunaux.

Le traité reconnaît des territoires de chasse, de pêche et de trappe exclusifs sur une étendue de 170 000 km². Les gouvernements du Canada et du Québec allouent 234 millions $ à 22 collectivités autochtones. Judd Buchanan signe la Convention pour le Canada en tant que ministre des Affaires indiennes et du Nord canadien. John Ciaccia, député de Mont-Royal, est le signataire du Québec en tant que mandaté spécial du premier ministre Bourassa dans ce dossier.

———————

Max Gros-Louis devient un incontournable de la condition amérindienne au Québec et au Canada dans une certaine mesure. Il est partout à la fois, notamment en situation de crise. Au cours d'une tournée de vente de machines à coudre à Lustuguj, il est par exemple confronté à la crise de la pêche au saumon des années 1980, qu'il affirme avoir empêchée une première fois quelques années auparavant.

La loi québécoise interdit la pêche aux filets à des fins commerciales, dans la rivière du même nom. Certains Micmacs décident un bon jour de la transgresser sous prétexte qu'ils pêchent le saumon de la rivière Lustuguj depuis des millénaires et qu'ils le font aux filets depuis déjà plusieurs décennies, en vertu de la reconnaissance de leurs droits ancestraux par le gouvernement du Canada.

Le ministre du Tourisme, de la Chasse et de la Pêche, Claude Simard, qui est aussi le beau-frère du premier ministre Robert Bourassa, menace de sévir. En tant que responsable du dossier de la chasse et de la pêche au sein de l'Association des Indiens du Québec, Max Gros-Louis lui demande de le laisser d'abord intervenir. Il rencontre le chef des Micmacs et tout rentre dans l'ordre. « Mais quand Lucien Lessard est devenu ministre du Loisir, de la Chasse et de la Pêche, raconte Max Gros-Louis, il a tout *sacré en l'air* avant que nous ayons eu le temps d'intervenir de nouveau. »

Le 9 juin 1981, le ministre Lessard expédie un télex au chef de bande de Lustuguj, Alphonse Metallic, pour le sommer de faire retirer tous les filets de pêche de la rivière avant le lendemain soir, à minuit. Ce que le chef refuse de faire.

L'avant-midi du 11 juin, plus de 500 policiers, gardes-chasse et gardes-pêche provinciaux ratissent Lustuguj, coupent les lignes téléphoniques, arrêtent *manu militari* une douzaine de présumés pêcheurs illégaux, dont deux mineurs, et sortent tous les filets de pêche de la rivière. Le pont qui conduit au Nouveau-Brunswick est bloqué par la Gendarmerie royale du Canada. Dix hommes sont enfermés dans la prison provinciale de New Carlisle.

« Il y avait seulement un ou deux Micmacs qui faisaient de la pêche commerciale, affirme Max Gros-Louis. Et tout cela aurait pu être réglé pacifiquement si Lessard n'avait pas mis le feu aux poudres. »

Les tensions entre Blancs et Amérindiens tournent à la crise nationale. Restigouche reçoit l'appui inconditionnel de Dale Riley, président de la Fraternité nationale des Indiens, et de plusieurs groupes autochtones au Canada. Les Mohawks de Kahnawake bloquent le pont Mercier, de Montréal, comme geste d'appui symbolique à leurs confrères micmacs de la Gaspésie. La Conférence des chefs indiens du Canada, qui doit avoir lieu à Victoria en Colombie-Britannique, est déplacée à Lustuguj.

Neuf jours plus tard, au petit matin, des policiers tentent d'effectuer une nouvelle descente. Les pêcheurs essaient alors de retirer leurs filets avant qu'ils soient confisqués. Les policiers les attaquent avec des balles en caoutchouc et des bombes lacrymogènes. Des Amérindiens de partout au Canada et d'aussi loin que l'Alaska viennent prêter main forte aux Micmacs de Restigouche.

Le 3 mai 1982, au palais de justice de New Carlisle, la Couronne négocie une entente avec les avocats des pêcheurs arrêtés : une reconnaissance de culpabilité en retour d'une sentence réduite avec sursis, plus 25 $ d'amende. Deux pêcheurs refusent cette entente, par principe, disent-ils. Au tribunal, le juge se range du côté des policiers et déclare que les photographies exhibées en faveur des deux accusés récalcitrants sont truquées et que leurs témoins mentent. Donald Germain et Robert Barnaby sont condamnés à un an de liberté surveillée, plus 250 $ d'amende. Ils annoncent qu'ils iront en appel.

En juin 1982, surprenant revirement de position : le ministre Lucien Lessard décrète qu'il était inutile de restreindre la pêche du côté québécois de la baie des Chaleurs alors qu'il n'y a aucune restriction du côté du Nouveau-Brunswick. Et il annonce de ce pas l'ouverture de la pêche commerciale au saumon.

L'appel de Barnaby et Germain est entendu en août 1983. Le juge Louis Dorion, de la Cour supérieure du Québec, renverse le précédent verdict et libère les deux hommes de leur condamnation. Le magistrat évoque notamment des « erreurs de droit et de fait ».

Au printemps 1990, c'est cette fois la crise d'Oka qui mobilise Max Gros-Louis. Les Mohawks d'Oka y barricadent une pinède et occupent le territoire par les armes. Il se rend neuf fois derrière les barricades dressées par les Warriors, le bras armé des Indiens mohawks, pour leur donner son appui de grand chef. Max Gros-Louis a toujours pris la défense de ces Warriors tellement décriés à l'époque. « Les Warriors sont les protecteurs des Mohawks, plaide-t-il. Ils interviennent si leurs droits ou leur sécurité sont menacés. Mais ils n'attaquent jamais personne. »

La Sûreté du Québec n'arrive pas à dénouer la crise. Ottawa fait appel à l'armée après qu'un policier, le caporal Marcel Lemay, eut été tué au cours de la crise. « Oka nous a fait perdre tout notre bagage de sympathie », déplore Luc Lainé. Ça prenait vraiment du courage après coup pour aller plaider la cause autochtone, estime-t-il.

L'ex-grand chef mohawk Andrew Delisle a contribué à apaiser cette crise par ses interventions diplomatiques. Mais 22 ans plus tard, il reste encore grandement heurté par cet événement dramatique. « À cause, dit-il, de la profonde division qu'elle a provoquée dans notre communauté. Et aussi, ajoute-t-il, parce qu'elle a terni pour longtemps l'image des Iroquois mohawks. » Ce vieux sage a toujours cru aux négociations pacifiques. Il reconnaît néanmoins qu'elle a contribué d'une certaine façon à faire avancer certaines revendications, comme celle de l'occupation du territoire.

Le 14 mai 1990, la Cour suprême du Canada reconnaît la validité du traité de Murray sur les droits ancestraux des Hurons-Wendats. « Je suis d'avis que le document du 5 septembre 1760 est un traité au sens de l'article 88 de la Loi sur les Indiens », décrète le juge en chef Antonio Lamer. C'est une décision unanime rendue par ce dernier et ses neuf collègues.

Ce jugement est la conclusion d'une longue bataille juridique de Conrad Sioui — il écrit son prénom avec un « C » à l'époque — et de ses frères Georges, Hugues et Régent. La Cour des sessions de la paix condamne ces derniers en 1990 pour avoir illégalement campé, allumé des feux et coupé des arbres, en 1983, dans le parc provincial de la Jacques-Cartier. Les Sioui contestent le jugement sur la foi d'un traité qui leur a reconnu ces droits en 1760, soutiennent-ils. Ils se rendent en Cour suprême et en sortent vainqueurs. Max Gros-Louis ne manque pas de préciser que les frais de cette bataille légale ont été assumés par le Conseil de la nation huronne-wendate.

Que contient exactement ce traité ? Le 5 septembre 1760, trois jours avant la capitulation française à Montréal, le chef des Hurons de Lorette, près de Québec, rencontre le général James Murray à Longueuil pour signer un traité de paix. Le chef huron accompagne alors l'armée française en retraite de Québec. Ce traité assure un sauf-conduit permettant aux Hurons de regagner leur village de Lorette, sans que les Anglais leur fassent subir de mauvais traitements.[12]

« C'est beaucoup plus qu'un sauf-conduit que le traité leur accorde, peut-on lire dans le site Internet de *L'Encyclopédie canadienne*. Ils sont reçus aux mêmes conditions que les milices canadiennes : aucune punition ne leur sera imposée pour avoir pris les armes contre les Britanniques. Le traité leur accorde aussi le libre exercice de leur religion et de leurs coutumes ainsi que la liberté de commerce

---

12 Rien ne semble absolument sûr à propos de l'identité du chef huron en question. Les hypohèses vont de Thomas Martin Thodatowan à Paul Tsawenhohi, en passant par Athanase Laplague et possiblement quelques autres.

avec les Anglais. À l'époque, le libre exercice de leurs coutumes signifie la non-interférence des Européens dans leur mode de vie, leur gouvernement local et leur système de justice. Aucune loi, aucun impôt, ni aucun service militaire ne leur seront imposés, contrairement à ce qui se passait sous le Régime français. La liberté de commerce a toujours signifié une exemption des devoirs ou des restrictions juridiques imposés aux pionniers; elle ne s'est jamais limitée à la traite des fourrures et s'applique à toutes les activités commerciales. Les stipulations du traité sont respectées durant les premières années de la domination britannique. Avec le temps, les gouvernements provinciaux et fédéral enfreignent de nouveau les droits des Hurons, et ce, jusqu'en mai 1990, lorsque la Cour suprême du Canada confirme la validité du traité. »

Forts du jugement de la Cour suprême, Max Gros-Louis et Luc Lainé se rendent à Ottawa pour y rencontrer le ministre canadien des Affaires indiennes et du Nord canadien afin de faire appliquer le traité Murray. Le ministre explique qu'en 1760, le Canada d'aujourd'hui n'existait pas encore, raconte Lainé, et que le fédéral n'a pas de politique pour gérer les traités préconfédératifs. « Il n'y a rien à faire », leur répond finalement Thomas Edward Siddon.

Les choses traînent en longueur. Des piles d'études sont effectuées sur l'interprétation à donner au jugement de mai 1990. Les deux hommes mènent alors leur combat devant tous les auditoires et forums susceptibles d'intéresser les Premières Nations.

Le 6 février 1992, lors d'une commission parlementaire de l'Assemblée nationale du Québec sur la souveraineté du Québec, le ministre responsable du dossier autochtone, Jacques Brassard, député de la circonscription de Lac-Saint-Jean, demande à Max Gros-Louis si les Autochtones veulent à leur tour devenir souverains et créer « un réseau de républiques souveraines dispersées un peu partout à travers le Québec, une sorte de fromage suisse avec des trous ? » Réplique immédiate du Huron : « On va vous laisser les trous et on va garder le fromage. »

La mission des deux hommes ressemble alors « aux travaux d'Astérix », illustre Lainé. « Et Max était le leader de tout ça. J'étais toujours avec lui. Je me souviens des assemblées de l'Association des Indiens du Québec qui se tenaient dans la salle Kondiaronk, voisine des bureaux de l'organisation dans la réserve. Il n'y avait pas d'air climatisé. Il faisait chaud. Ce n'était pas sophistiqué comme aujourd'hui. Il n'y avait pas de traduction simultanée. Quelqu'un parlait en inuit, un autre en cri, un autre en anglais. Ce n'était pas facile à suivre. Toutes sortes d'Indiens y discutaient dans toutes sortes de langues, avec toutes sortes d'interprètes. J'étais vraiment impressionné ».

169

Le grand chef mohawk Andrew Delisle, de Kahnawake, était aux premières loges de cet audacieux et difficile tour de force. « Réussir à rassembler tous les leaders des Premières Nations du Québec dans une même salle a été un tournant décisif de l'histoire, estime-t-il. « Traditionnellement, les gouvernements étaient toujours parvenus à nous diviser, quand ce n'était pas nous-mêmes qui le faisions ! La question de la langue, par exemple, était un sujet de division entre nous. Les Indiens qui parlaient anglais disaient que les Indiens qui parlaient français n'étaient pas de vrais Indiens. Et les Indiens qui parlaient français disaient que les Indiens qui parlaient anglais n'étaient pas de vrais Indiens. »

La langue n'est pas le seul obstacle. Le mode de vie en entier en est un autre. Des Amérindiens de la ville, par exemple ceux de Wendake et de Kahnawake, se retrouvent côte à côte avec des Amérindiens qui vivent encore dans des tentes, comme certains Cris du Nord québécois. Pas facile, alors, de s'entendre sur des revendications communes.

James Gaspé, grand chef des Mohawks d'Oka, est élu premier président de l'Association des Indiens du Québec (AIQ) à sa fondation, en 1965. Son compatriote et homologue de Kahnawake, Andrew Delisle, est élu vice-président. Pour sa part, Max Gros-Louis est élu secrétaire-trésorier et désigné porte-parole officiel de l'organisation, notamment parce que le français est sa langue maternelle. Cette fonction de porte-voix explique une bonne partie de l'énorme rayonnement qui deviendra le sien. Le Mohawk Andrew Delisle, qui succèdera à Gaspé comme président de l'AIQ, définit le Huron comme un rassembleur exceptionnel. Max Gros-Louis symbolisait « l'expression des droits des Premières Nations », dit Delisle aujourd'hui.

———

La reconnaissance du traité de Murray par la Cour suprême du Canada est prise très au sérieux par les Hurons. Quelques-uns ont même entrepris, en 2005, de construire des chalets dans la Réserve faunique des Laurentides, un parc national archi-réglementé.

Lorsque qu'il est interrogé sur le fait que la construction de ces chalets risque de déranger les clients blancs des parcs nationaux, Max Gros-Louis rétorque que c'est plutôt ceux-ci qui dérangent les Hurons depuis longtemps sur leur territoire. « Ça fait 400 ans qu'on fait des accommodements raisonnables avec les Québécois qui chassent sur notre territoire, dit-il. Il faudrait voir qui dérange qui dans ce dossier. »

Les discussions n'avancent pas avec le gouvernement du Québec, poursuit Oné-Onti. « Nous avons donc décidé de procéder sans lui, déclare-t-il aux journalistes. Nous voulons prouver que nous sommes capables de développer la villégiature en respectant les normes de construction du ministère des Ressources naturelles et de la Faune. Nos politiques sont les mêmes que celles du gouvernement, en ce qui concerne la construction de chalets et l'aménagement de fosses septiques. »

171

Max Gros-Louis ne manque pas de tenir le même type de discours devant la commission Bouchard-Taylor, créée par le premier ministre du Québec Jean Charest pour examiner la situation des accommodements dits raisonnables consentis ou non aux immigrants de la province. « Nous nous sommes accommodés de l'arrivée de ces frères et sœurs de divers pays, déclare-t-il le 29 novembre 2007. Mais il faut croire que notre bureau de l'immigration était mal organisé ou notre cœur trop grand, car on nous a dit et fait voir par la suite que nous n'étions plus chez nous... »

Sur cette même lancée, les Hurons-Wendats revendiquent officiellement, le 15 octobre 2008, la possession d'un territoire ancestral de plus de 24 000 km² qui s'étend de la rivière Saint-Maurice, à Trois-Rivières, jusqu'à la rivière Saguenay, d'un côté, et du fleuve Saint-Laurent jusqu'à la ligne de partage des eaux, de l'autre. « On nous dit toujours : "C'est quoi votre territoire ?" Ben là, vous l'avez, on vous le montre ! » lance Max Gros-Louis.

Ce dernier fait valoir que les Hurons ont utilisé ce territoire depuis des centaines d'années. Il explique que cette revendication s'inscrit dans une démarche de reconnaissance et de protection des droits et des activités de sa nation. Une fois ce territoire reconnu, dit-il, les Hurons souhaitent notamment avoir un droit de regard sur la chasse, la pêche, les coupes forestières et l'aménagement des lieux.

« Ce n'est pas une guerre qu'on déclare, plaide Max Gros-Louis. On déclare avoir un territoire qui nous appartient. Un territoire que l'on veut faire reconnaître et un territoire que l'on veut utiliser pour le bien-être de la nation huronne, en collaboration avec les Canadiens et non-Indiens qui vont le partager avec nous. »

Lorsque Max Gros-Louis devient grand chef de Wendake, en 1964, les 633 réserves indiennes du Canada, dont une cinquantaine au Québec, sont régies par la Loi canadienne sur les Sauvages. Cette loi, qui a créé le réseau de 130 pensionnats indiens, ne se contente pas de décréter que tous les Autochtones sans exception sont considérés comme des êtres mineurs. Elle va même jusqu'à statuer qu'un Indien n'est pas une personne ni même un individu. Il est un Sauvage. « Les expressions "personne" et "individu" signifient un individu autre qu'un Sauvage, à moins que le contexte n'exige clairement une autre interprétation », statue l'article 3,12.

Cette loi stipule aussi que l'émancipation d'un Indien consiste à... cesser de l'être. « Tout Indien de sexe masculin de plus de 21 ans, parlant le français ou l'anglais et ayant une bonne éducation, pouvait être considéré comme un non-Indien à la condition expresse qu'il renonce officiellement à sa culture et à son patrimoine », dit la loi sur les Sauvages.

Pour avoir le droit de vote aux élections fédérales du Canada, un Indien doit par exemple s'émanciper. Tout Indien qui choisit d'étudier à l'université ou de devenir prêtre est automatiquement émancipé, c'est-à-dire cesse d'être indien. En vertu de la loi sur les Sauvages, les femmes indiennes qui se marient avec un non-Indien deviennent elles aussi automatiquement émancipées, ainsi que les enfants nés de ce mariage. Même chose pour un Indien qui vit plus de cinq ans à l'extérieur du Canada.

173

Cette loi interdit aux Indiens de boire. « Il sera loisible à tout constable, sans procédure judiciaire, d'arrêter tout Sauvage qu'il trouvera dans un état d'ivresse, stipule l'article 83 de cette loi, et de le conduire à toute prison commune, maison de correction, maison d'arrêt ou autre lieu de détention, pour qu'il y soit détenu jusqu'à ce qu'il soit redevenu sobre; et lorsque son ivresse aura disparu, tel Sauvage sera amené devant tout juge, magistrat stipendiaire ou juge de paix, et s'il est convaincu d'avoir été ainsi trouvé en état d'ivresse, il sera passible d'être emprisonné dans toute prison commune, maison de correction, maison d'arrêt ou autre lieu de détention, pour une période n'excédant pas un mois. »

Cette loi interdit aux Indiens d'être propriétaires. Elle leur interdit de rédiger un testament. Elle interdit certains rituels indiens traditionnels, comme la danse du soleil ou le *potlatch*, une cérémonie ayant comme fonction de reconnaître un statut ou un rang et les pouvoirs et privilèges reliés à cette reconnaissance. Elle leur interdit de recevoir chez eux des gens de l'extérieur de la réserve.

La loi sur les Sauvages veille en même temps à « tuer l'Indien au sein de l'enfant », selon une expression tristement célèbre dont l'histoire a reconnu la véracité. Un réseau de 130 pensionnats indiens voit le jour à travers le Canada pour isoler les enfants et les soustraire à l'influence de leurs foyers, de leurs familles, de leurs traditions et de leur culture, et les intégrer par l'assimilation dans la culture dominante. Ce processus de déracinement est officiellement reconnu par le gouvernement.

174 Max Gros-Louis répète déjà depuis longtemps que la loi sur les Sauvages est « un génocide planifié ». Mais, il cause un boucan d'enfer lorsqu'il prononce ces mêmes mots à la télévision française, le 22 janvier 1992. Il est alors l'invité de *Sacrée Soirée*, l'une des émissions les plus populaires du pays. Elle traite ce soir-là de l'arrivée de Christophe Colomb en Amérique, en 1492.

À son retour au pays, il est attendu de pied ferme. L'animateur de télévision Jean-Luc Mongrain, sur la chaîne TVA, semble espérer lui faire atténuer ses propos lorsqu'il demande en direct au grand chef de Wendake : « Est-ce exactement ce que vous avez voulu dire, M. Gros-Louis ? »

— Exactement, de répondre l'autre.

Le responsable de l'habitation à Wendake, Denis Lainé, s'amuse plutôt de la tempête soulevée par son grand chef à la télévision française. « Je ne comprends pas l'excitation des médias, commente-t-il à *La Presse*. Depuis plus de 35 ans, Max Gros-Louis répète ces choses et personne ne réagit. Il suffit qu'il aille les dire à Paris pour que les journalistes lui courent après. Je ne fais pas de politique, mais je dois admettre que celle-là, elle est bonne. Max rentre de France avec une bombe ! »

Cette déclaration de Max Gros-Louis à la télévision française faisait probablement partie d'une stratégie planifiée, estime l'Innu Ghislain Picard, Chef de l'Assemblée des Premières Nations pour la région du Québec et du Labrador. « Quand l'intérêt pour une cause baisse, dit-il, il faut un gros boum pour le raviver. C'est ce qui s'est alors produit. Et les pensionnats indiens étaient très exactement ce génocide culturel dénoncé par Max Gros-Louis. »

Le 11 juin 2008, à 15 heures exactement, survient un moment hautement historique. Au nom des Canadiens, le premier ministre conservateur Stephen Harper présente des excuses complètes et officielles aux Autochtones, pour les mauvais traitements infligés à leurs enfants dans les quelque 135 pensionnats gouvernementaux ouverts à leur intention.

Ces « pensionnats indiens » ont existé entre 1874 et 1996 sous la gouverne de religieux des Églises anglicane, catholique, presbytérienne, baptiste ou unie. Ils ont accueilli 150 000 enfants indiens – dont 80 000 vivent toujours – arrachés à leur famille et très souvent emmenés très loin de leurs foyers.

« Bon nombre d'entre eux étaient nourris, vêtus et logés de façon inadéquate, déplore le premier ministre Harper dans son texte d'excuses. Les langues et les pratiques culturelles des Premières Nations, des Inuits et des Métis étaient interdites dans ces écoles. Certains de ces enfants ont connu un sort tragique en pension et d'autres ne sont jamais retournés chez eux.

Le gouvernement canadien reconnaît, en ce jour du 11 juin 2008, que « les conséquences de la politique sur les pensionnats indiens ont été très néfastes et qu'elle a causé des dommages durables à la culture, au patrimoine et à la langue autochtones. Bien que certains anciens élèves aient dit avoir vécu une expérience positive dans ces pensionnats, leur histoire est de loin assombrie par les témoignages tragiques sur la négligence et l'abus émotif, physique et sexuel d'enfants sans défense et de leur séparation de familles et de communautés impuissantes.

« Le fardeau de cette expérience pèse sur vos épaules depuis beaucoup trop longtemps, poursuit le premier ministre. Ce fardeau nous revient directement, en tant que gouvernement et en tant que pays. Il n'y a pas de place au Canada pour les attitudes qui ont inspiré le système de pensionnats indiens, pour qu'elles puissent prévaloir à nouveau. Vous tentez de vous remettre de cette épreuve depuis longtemps, et d'une façon très concrète, nous vous rejoignons maintenant dans ce cheminement. Le gouvernement du Canada présente ses excuses les plus sincères aux peuples autochtones du Canada pour avoir si profondément manqué à son devoir envers eux, et leur demande pardon ».

Max Gros-Louis n'est guère à la maison de 1965 à 1975. Il fait la promotion de l'Association des Indiens du Québec partout où il le peut. Il visite les Cris du nord de campement en campement pour mieux constater leur misère et pour leur faire connaître leurs droits. « Le jour, les Cris chassaient, raconte-t-il. Et le soir, nous tenions des réunions. » Arrivent ensuite le procès et les négociations de la Baie James. C'est durant cette période que survient son divorce avec sa femme Claire Bélair.

En 1984, Max Gros-Louis subit une opération à la prostate et choisit de ne pas se représenter à l'élection du grand chef cette année-là. « Le médecin m'a conseillé de ralentir », dit-il. C'est Claude Sioui qui lui succède. Ce dernier est le frère de Georges-Albert, le père de Konrad, le grand chef actuel de Wendake. Max-Gros-Louis ne reste pas sur la touche très longtemps. Il se fait réélire en 1987 mais il subit une défaite historique en 1992 : Jocelyne Gros-Louis — aucun lien de parenté — le bat par neuf voix, pour devenir le premier grand chef féminin de l'histoire de Wendake. Max Gros-Louis prend toutefois sa revanche en 1994. Puis, il se retire de la politique active en 1996 après de nouveaux ennuis de santé. Mais il est de nouveau candidat en 2004 et gagne son élection. Il bat ensuite Konrad Sioui en 2006, malgré une défaillance cardiaque survenue entre-temps.

Le 23 juin 2005, lors d'une assemblée des Premières Nations du Canada tenue à Yellowknife, dans les Territoires du Nord-Ouest, Max Gros-Louis ressent en effet un malaise à la poitrine et s'effondre. Il est rapidement conduit à l'hôpital Stanton Territorial. « Son pouls battait à seulement 26, dit sa conjointe Marie Roux. Il était pratiquement dans le coma. » Les médecins lui installent d'urgence un stimulateur cardiaque externe. Quelques jours plus tard, il rentre à Québec. Il est opéré le 21 août pour l'installation d'un stimulateur interne. Son médecin lui explique que son cœur ne bat pas suffisamment vite. « Je suis une sorte d'athlète dont le cœur bat trop lentement », dit-il à la blague.

Konrad Sioui, dont le nom huron-wendat est *Haskan* et veut dire « l'éclaireur », prend sa revanche en 2008 et règne depuis ce temps comme grand chef du Conseil de bande de Wendake. Il a refusé d'être interviewé concernant son adversaire de toujours. « Le problème de Konrad Sioui, c'est simplement qu'il refuse d'être reconnaissant envers ce qu'a réussi Max Gros-Louis », estime l'ancien petit chef Denis Picard.

Celui-ci précise qu'il n'est pas du tout à couteaux tirés avec le grand chef actuel, bien au contraire. Il dit reconnaître de très grandes qualités à Konrad Sioui, dont celle de très bien défendre les droits ancestraux des Hurons. Picard convient notamment que c'était très habile de la part des frères Sioui de monter un campement dans le parc de la Jacques-Cartier, en 1983, pour affirmer leurs droits plutôt, par exemple, que d'y chasser.

Durant son dernier mandat de grand chef, Max Gros-Louis bâtit un nouveau poste de police, la Maison du Tourisme et, surtout, le fameux Hôtel-Musée Premières Nations, au coût de 26 millions $, dont il est particulièrement fier et dont il a été administrateur. Quand il a battu Max Gros-Louis au poste de grand chef de Wendake, Konrad Sioui a immédiatement évincé ce dernier du conseil d'administration de l'établissement. Ce qui lui a fait « un peu de peine, confesse Max-Gros-Louis. Mais je ne m'attendais pas à autre chose de Konrad ».

Adversaires ou ennemis, « les Gros-Louis et les Sioui se détestent royalement depuis toujours. Ils sont en guerre politique », lance Michel Picard, dit L'Ours. « Cette guerre a commencé bien avant que Max Gros-Louis ne voie le jour, soutient ce dernier. Ça remonte à aussi loin que le jour où les Sioui ont commencé à s'autoproclamer les seuls vrais Hurons de Wendake et à dire que tous les autres étaient des faux. »

Ces querelles de mots existent encore aujourd'hui. « Je suis plus huron que toi, tu es moins huron que moi ! On entend ce genre de propos parfois encore », affirme Max Gros-Louis. Éléonore Sioui, la mère de Konrad, a déjà qualifié Max Gros-Louis de faux Indien qui tente d'usurper les droits des Hurons pure race.

179

« Est Huron celui qui veut le devenir et que notre nation accueille en son sein, plaide Max Gros-Louis. Exactement comme des immigrants deviennent canadiens. Les Hurons ne sont pas d'abord une race, mais une nation. » Cette prétention raciale des Sioui est la raison pour laquelle les Picard font équipe avec les Gros-Louis contre les Sioui, explique l'ancien chef délégué Denis Picard.

En mai 2000, les Hurons-Wendats obtiennent 12 millions $ d'Ottawa pour compenser la vente illégale de 40 arpents de terre survenue en 1904. Ottawa avait alors vendu aux enchères publiques ces terres données aux Hurons par la communauté religieuse des pères Jésuites, en 1742. Ce territoire fait aujourd'hui partie de l'ancienne municipalité de Val-Bélair, désormais fusionnée avec

Québec. Le Canada propose cet arrangement financier
puisqu'il ne saurait être question, conviennent les deux
parties, d'exproprier les citoyens de Val-Bélair implantés
sur le territoire concerné.

Konrad Sioui et ses frères réclament cet argent sous
prétexte que leur famille a été la première à occuper les
40 arpents en question. Pour avoir gain de cause, ils vont
jusqu'à intenter un procès au Conseil de bande. « Les
Sioui ont perdu, mais le procès a coûté une fortune au
Conseil de bande », déplorent à l'unisson Max Gros-Louis
et Denis Picard.

Au printemps 1985, Claude Sioui est élu grand chef en
même temps que son neveu est élu petit chef. Le gérant
de bande est Jean-Marie Gros-Louis. Claude Sioui le
congédie et le remplace par Régent Grégoire-Sioui, le
frère de Konrad. « Ce fut une insulte majeure pour notre
famille, s'indigne Bruno Gros-Louis encore aujourd'hui.
Nous n'aurions jamais eu l'audace de faire une pareille
chose. »

Luc Lainé, ancien chef de cabinet et ami de Max Gros-
Louis, a un autre point de vue à propos de ce congédie-
ment. « Moi aussi, j'ai eu de la peine que Jean-Marie soit
congédié. Mais c'est la coutume en politique, fait-il valoir,
de nommer ses hommes ou ses femmes de confiance aux
postes de décision. Le gérant de bande est le premier fonctionnaire du conseil de bande, poursuit Lainé. Il me paraît
normal que le grand chef veuille le choisir lui-même. Dans
ce cas-là, ça n'avait rien à voir avec la compétence de Jean-
Marie, un homme absolument irréprochable. C'était relié
au fait qu'il avait travaillé pour l'équipe adverse. Jocelyne
Gros-Louis m'a réservé le même sort en 1992 lorsqu'elle a

détrôné mon patron Max Gros-Louis. » Ce dernier avait alors embauché Lainé comme agent de l'autonomie gouvernementale.

Max Gros-Louis et Konrad Sioui ne sont pas si différents, affirme néanmoins Luc Lainé. « Si on comparait les deux hommes, dit-il, et qu'on regroupait les similitudes d'une part et les différences de l'autre, je suis sûr que la montagne de pareils serait plus grosse que l'autre. »

———————————

En 1998, Wendake entreprend une refonte du mode de scrutin avec Kino Gros-Louis aux commandes. Pour parvenir au meilleur résultat possible, le Conseil de bande sollicite même les lumières de Pierre-F. Côté, fraîchement retraité du poste de directeur général des élections du Québec. Mais Max Gros-Louis se dit en désaccord avec le nouveau mode électoral, qui sera néanmoins adopté après deux référendums en l'an 2000.

Luc Lainé tente de convaincre son chef des bienfaits de cette refonte électorale. « Max veut continuer de tout mener seul à sa guise, raconte Lainé. Mais je lui dis qu'on ne peut plus gouverner ainsi. Que le chef est un serviteur. Qu'il faut un style le plus démocratique possible. Il me répond que les autres élus sont là pour le retarder, etc. »

« Il n'a pas été très enchanté non plus, poursuit Lainé, quand le Conseil de bande a aidé ses employés à se syndiquer à la CSN, sous le règne du grand chef Wellie Picard, pour mettre fin au droit de vie et de mort que les élus

avaient pratiquement sur nos 250 employés. » Cette
initiative sans précédent — un employeur qui aide ses
employés à se syndiquer — ne fait pas l'affaire de Max
Gros-Louis. Il a peur de faire face à trop de contraintes.

« Il existait une relation malsaine entre la fonction publique et les politiciens, fait valoir Luc Lainé. Nous voulions
nous donner un outil d'éthique qui cesserait de faire fuir
les bons candidats qui peuvent facilement trouver un
emploi ailleurs et qui ne sont pas prêts à travailler sans
sécurité. Nous voulions aussi mettre fin à l'hémorragie
d'employés qui accompagnait chaque nouvelle administration. Repartir presque à zéro chaque fois finit par coû-
ter cher et être très improductif. Bref, nous voulions faire
le ménage de la cave au grenier. »

Lorsque Jean Picard est élu grand chef, en 1996, il veut
mettre la hache dans le processus de syndicalisation,
raconte Luc Lainé. Pour faire bloquer l'accréditation syn-
dicale demandée sous le règne précédent, il fait appel au
cabinet d'avocats de Marcel Aubut, un notable de Québec
qui a été président des défunts Nordiques, de la Ligue
nationale de hockey, et qui est aujourd'hui président du
Comité olympique canadien. « Les travailleurs impliqués
dans la démarche avaient une peur bleue, raconte Luc
Lainé. On leur a fait la promesse d'organiser une rencontre de négociations si on était élus la fois suivante,
ainsi que ça devait se produire. Le Conseil de bande avait
déjà versé 175 000 $ au cabinet d'avocats Heenan Blaikie
Aubut, mais Wellie Picard et son équipe mettent fin au
contrat. Une première convention de travail est finalement signée à Wendake. Et nous organisons une grande
fête dans la salle du Conseil de bande. Tout le monde
était là », dit Lainé.

Michel Picard, pourtant copain-copain avec Max Gros-Louis, a déjà eu la surprise, un jour, de recevoir de sa part une mise en demeure par huissier. « J'avais écrit dans une lettre que c'est le grand chef Jocelyne Gros-Louis qui avait entrepris la bataille devant conduire au rétablissement du statut d'Indienne pour les Huronnes mariées à un Blanc, ainsi que pour leurs enfants. Max a toujours prétendu que c'était lui. Il m'a sommé de me rétracter par écrit pour le motif que le statut avait été modifié durant son règne, après sa victoire revanche sur Jocelyne Gros-Louis. Je me suis exécuté sur l'avis de mon avocat. Mais ça ne change rien à la vérité que j'avais affirmée : il est vrai que Max était grand chef quand cette bataille a été gagnée, mais Mme Gros-Louis l'avait entreprise avant lui. »

« Faux ! réplique Max Gros-Louis encore aujourd'hui. Jocelyne Gros-Louis a milité pour le statut des Amérindiennes, entre autres au sein de l'Association des femmes autochtones du Québec (NDA : dont elle a déjà été présidente). Mais j'avais enclenché cette bataille deux ans plus tôt, avant qu'elle me batte aux élections du grand chef. » Max Gros-Louis tient mordicus à la paternité de ce tournant historique de 1985, qu'il présente comme la plus grande victoire politique de sa carrière.

Max Gros-Louis a été actif au sein de nombreux orga-nismes[13]. Il a aussi côtoyé plusieurs premiers ministres du Canada et du Québec. Il dit de Pierre Elliott Trudeau qu'il a été le meilleur premier ministre des Canadiens, parmi lesquels il inclut résolument les Québécois. « Ceux-ci n'existeraient peut-être plus sans Trudeau, affirme-t-il. Il était un homme sévère, mais approcha-ble. Il était capable de revenir sur une décision quand cela lui semblait censé. Par exemple, quand il nous disait que les Indiens du Canada étaient les égaux des autres Canadiens, je lui répondais : "M. Trudeau, un jeune qui ne peut pas aller à l'école ne peut pas être l'égal de ceux qui y vont." Il a été celui qui a reconnu, dans l'article 35 de la Loi constitutionnelle de 1982, les droits ancestraux des Premières Nations. »

Avec le premier ministre Robert Bourassa, les relations étaient tout au plus polies, sinon froides, compte tenu du fait que Max Gros-Louis l'a poursuivi pour outrage au tri-bunal dans le dossier de la baie James. Il le croisera plus tard, durant les Jeux olympiques de 1976 à Montréal. Oné-Onti a obtenu ce jour-là des billets du premier ministre de l'Ontario, William Davis, de sorte qu'il se retrouve dans la section des premiers ministres du Canada et des pro-vinces. Bourassa et lui s'échangent simplement un timide signe de tête.

---

13 Il est membre fondateur, vice-président et secrétaire-trésorier de l'Association des Indiens du Québec de 1965 à 1976; secrétaire du Conseil consultatif indien pendant cinq ans; directeur de la World Assembly of First Nations (Conseil international indien) pendant trois ans; représentant des Amérindiens du Québec aux conférences constitutionnelles canadiennes sur le droit des Autochtones en 1983 et 1987; administrateur du Programme de développement économique des Autochtones; membre du Conseil canadien sur le multiculturalisme; et directeur et vice-chef de l'Assemblée des Premières Nations du Canada pendant 10 ans. (Source : Wikipedia)

Avec le premier ministre René Lévesque, c'était carré-
ment plus chaleureux. Il est devenu son ami et l'est toujours resté, comme l'atteste une photo très personnelle.
« On s'engueulait souvent, raconte le Huron. René me
surnommait "le diable". Mais ce fut le premier à reconnaître les Amérindiens comme nation. » Max Gros-
Louis estime que Lévesque était plus nationaliste que
séparatiste.

Sa relation avec Jean Chrétien, d'abord comme ministre
des Affaires indiennes, puis comme premier ministre,
était semblable à celle avec René Lévesque, dit-il. « Nous
sommes toujours restés amis, au-delà de tout le reste. »
L'ex-premier ministre Chrétien a connu Max Gros-Louis
en 1968 quand il a été nommé ministre des Affaires indiennes et du Nord canadien. Et il l'a rencontré de très nombreuses fois par la suite. « Max est un homme très coloré,
très vigoureux mais aussi très articulé. C'était toujours
très agréable de travailler avec lui. »

M. Chrétien voit plusieurs similitudes entre Max Gros-
Louis et lui-même. « Il avait un côté populiste tout comme
moi, confie-t-il. Mais pour que ce style fonctionne, il faut
de la substance derrière. Il faut posséder ses dossiers. Et
Max possédait très bien ses dossiers. »

Leur façon de prononcer des discours est une autre affinité
que partageaient les deux hommes, de l'avis M. Chrétien.
Ils restaient rarement dans les limites de leur texte. Des
gens m'écrivaient « des textes très bons, très compliqués,
très savants », raconte Jean Chrétien. « Parfois, je disais à
l'auditoire : "J'ai devant moi un beau discours qui va vous
endormir si je vous le lis. Des copies en seront disponibles
derrière la salle. Maintenant, je vais vous parler." »

L'une des plus grandes qualités de Max Gros-Louis était ses capacités d'administrateur et celle de savoir décider, estime l'ancien premier ministre. Et le plus grand reproche qu'il pourrait lui faire concerne certaines déclarations à l'emporte-pièce. « Comme quand il nous disait, par exemple, qu'on (NDA : les Blancs) n'avait pas d'affaire ici. Mais sa porte demeurait toujours ouverte. Tout comme la mienne. » Au-delà de tous leurs désaccords, les deux hommes sont restés amis au point de se parler de temps à autre au téléphone.

L'ancien maire de Québec, Jean-Paul L'Allier, dit qu'il a toujours eu de bonnes relations avec Max Gros-Louis, mais que ce dernier était dur dans ses négociations. « Je me souviens, par exemple, d'une lettre où il écrivait : "Si je n'obtiens pas cela, ça ne marchera pas." » M. L'Allier avait résolument choisi la voie de l'harmonie avec les Hurons, raconte-t-il. De sorte qu'il lui en fallait beaucoup plus pour le démonter.

M. L'Allier se rappelle avoir appuyé Max Gros-Louis dans sa démarche d'agrandissement de la réserve huronne-wendate, envers et contre les fonctionnaires municipaux de Québec. Et aussi contre certains élus des villes limitrophes de Wendake. « Nous autres, on était gros, eux autres étaient petits, dit-il. Ça ne servait à rien d'aller "gosser" sur la question du territoire. »

Quand il est allé à Paris défendre la candidature de Québec pour l'obtention des Jeux olympiques d'hiver de 2002, finalement décrochés par Salt Lake City, il a tenu à amener Max Gros-Louis avec lui. « Je voulais que Québec, la Vieille Capitale, soit un exemple de bonnes relations entre les Européens d'origine et les peuples autochtones, un exemple de cohabitation pacifique sans effort d'assimilation. »

Quand les Français ont alors demandé au grand chef huron quelle était la population de sa communauté, ils ont été estomaqués de l'entendre répondre 2000. « Ils pensaient que les Hurons étaient au moins 50 000, indique Jean-Paul L'Allier. Ils ont trouvé que Max Gros-Louis prenait beaucoup de place pour une si petite population. Mais il a prononcé des paroles très sensées sur les thèmes de notre candidature. »

L'ancien maire de Québec invitait toujours Max Gros-Louis lors des cérémonies protocolaires. Et le grand chef huron se faisait un devoir de toujours honorer ces invitations. Mais les deux hommes n'ont jamais eu de relations personnelles. « Probablement en raison du fait que j'étais un souverainiste déclaré et que Max était fédéraliste, estime Jean-Paul L'Allier. Ce qui créait une certaine tension entre nous. »

S'il peut être parfois intempestif dans ses déclarations, Max Gros-Louis se montre plutôt tempéré dans ses pourparlers et respectueux de ses interlocuteurs, témoigne Ghislain Picard, chef de l'Assemblée des Premières Nations du Canada pour la région Québec-Labrador.

Le Huron dit avoir appris à garder son sang-froid avec son entraîneur de boxe, Louis-Philippe Roberge. « Il m'a enseigné à ne pas me fâcher quoi qu'il arrive, car on devient un moins bon combattant. Et il m'a enseigné à savoir tomber. Il faut que tu roules avec le coup pour ne pas t'assommer. Ça m'a servi en politique et dans toutes sortes d'autres domaines. J'ai toujours travaillé en dialoguant. »

Ce que certains ont pu interpréter comme une attitude de contrôle chez Max Gros-Louis relevait plus du souci de son image et de son intégrité, estime Ghislain Picard. « Quand j'étais producteur à la radio communautaire de Wendake, raconte-t-il, nous avions un jour réalisé une entrevue dans leur langue avec des Innus et des Attikameks, que n'avait pu comprendre Max Gros-Louis. Cette émission se situait dans la démarche critique que nous préconisions. Max était venu nous voir avec son beau-frère innu pour écouter l'entrevue. Quand celui-ci lui indiqua qu'elle ne contenait pas de controverse à son sujet, il repartit satisfait. » Loin d'être choqué de cette démarche, Picard dit l'avoir trouvée justifiée chez un homme jaloux de son intégrité.

« Max est doué d'un charisme incroyable », commente l'ancien journaliste Bernard Cleary dans le film de Daniel Bertolino *Max Gros-Louis Oné-Onti, un huron wendat contestataire*. « Il est un leader politique écrasant », ajoute cet Innu du Lac-Saint-Jean devenu conseiller en affaires amérindiennes.

Max Gros-Louis jouissait et jouit toujours d'un capital de sympathie exceptionnel, estime son ancien chef de cabinet Luc Lainé. Il lui reconnaît une envergure peu commune et un sens politique assez rare. « Mais il manquait parfois d'argumentaire, nuance Lainé. Il lui arrivait de revendiquer sans rien proposer en retour. Il était toujours certain de son affaire et nous avions de la misère à le préparer, son conseiller Bernard Cleary et moi. »

Ghislain Picard reconnaît à Max Gros-Louis le mérite d'avoir mis la condition autochtone à l'ordre du jour du débat social. « Il a porté le flambeau, dit-il. Il a laissé sa marque. Personne ne peut lui enlever cela. Il l'a fait avec sa méthode à lui, mais il l'a fait. Ça lui appartient entièrement. »

CHAPITRE IX

LA VEDETTE

———————————

EN OCTOBRE 1993, MAX GROS-LOUIS SE RETROUVE
DANS LA PRINCIPAUTÉ DE MONACO AUX CÔTÉS
DE LA CÉLÈBRE MÉDAILLÉE D'OR OLYMPIQUE
QUÉBÉCOISE, SYLVIE FRÉCHETTE, ICÔNE
DE LA NAGE SYNCHRONISÉE.

LES DEUX PERSONNALITÉS SONT INVITÉES à agir comme jurés au grand concours du film sportif télévisuel dans le cadre du Sportel annuel, qui a fêté ses 20 ans en octobre 2011. Le Sportel est le grand rendez-vous international du sport, de la télévision et des médias.

Le rendez-vous est organisé sous les auspices du prince Albert II de Monaco, membre du Comité olympique international, qui remet alors le prestigieux prix Per Ludos Fraternitas du sport sans violence à Sylvie Fréchette et au basketteur Magic Johnson. La valeur unique de cet honneur lui vient du fait que ses gagnants sont désignés par leurs équipiers et adversaires olympiques. Comme juré, Max Gros-Louis a voté pour un film qui montre les efforts d'un lanceur de marteau, discipline effacée s'il en est. « C'est ce film qui a gagné », dit le Huron.

190

En 1995, Max Gros-Louis accompagne le maire de Québec Jean-Paul L'Allier à Budapest, en Hongrie, où se tient le congrès annuel du Comité international olympique. La Ville de Québec va y mousser sa candidature de ville hôtesse des Jeux d'hiver de 2002 (elle sera finalement battue par Salt Lake City). Le Huron monte dans un taxi aux côtés de la ministre de l'Environnement et vice-première ministre, Sheila Copps, et de leur traducteur hongrois. Piquée de curiosité, la conductrice du taxi s'empresse d'engager la conversation avec le traducteur. « Tout à coup, raconte Max Gros-Louis, elle se met à crier à travers sa vitre ouverte, tout en tenant le volant : "J'ai un vrai chef indien dans mon taxi ! J'ai un vrai chef indien dans mon taxi !" »

En mai 1990, plusieurs années après l'avoir visité chez lui, des Français invitent Max Gros-Louis à participer au Festival du livre pour enfants de Dax, une ville thermale de la région d'Aquitaine. Ce n'est plus seulement un chef amérindien qui est invité, c'est une sorte de pape d'une autre civilisation.

Ironie du sort, Oné-Onti a obtenu deux audiences privées avec le pape Jean-Paul II. Le 22 juin 1980, il remet au Saint-Père des remerciements gravés sur une peau d'animal : « La nation huronne amérindienne vous dit sa fierté d'être comptée parmi vos enfants spirituels. Nous vous disons notre reconnaissance pour avoir reconnu, dans la béatification, les mérites de l'une des nôtres : Kateri Tekakwitha. Puisse le grand manitou recevoir notre prière et bénir avec largesse notre première Indienne placée, depuis plus de trois siècles, sous le patronage de la vierge de Lorette. » Kateri Tekakwitha est devenue une sainte en décembre 2011, lorsque le pape Jean-Paul II a accepté de la canoniser.

191

L'ex-président de France Charles de Gaulle effectue une visite impromptue à la boutique de Max Gros-Louis, à Wendake, en juillet 1967, juste avant de lancer à Montréal son célèbre *Vive le Québec libre !* De Gaulle fait escale chez Oné-Onti escorté de policiers à moto, après avoir quelque peu dévié de son parcours du chemin du Roy qui le mène de Québec à Montréal. « Il m'a expliqué qu'il avait voulu saluer les Hurons amis des Français depuis toujours », dit Max Gros-Louis. Le 24 juillet, du haut du balcon de l'hôtel de ville de la métropole, le chef d'État français déclenche la plus grave crise politique survenue entre le Canada et la France, dans un discours imprévu qu'il termine par ces paroles : « Vive Montréal ! Vive le Québec ! Vive le Québec... libre ! Vive le Canada français et vive la France ! » *Vive le*

Québec libre ! est alors le slogan du Rassemblement pour l'indépendance nationale (RIN).

Le 13 juillet 1984, 17 ans plus tard, c'est au tour de Jacques Chirac de rendre visite à Max Gros-Louis dans sa maison de Wendake. Alors maire de Paris, Chirac deviendra le 22ᵉ président de la France, le 17 mai 1995. Il séjourne à Québec à l'occasion des Fêtes de la voile Québec 1984. Il visite le grand chef huron en compagnie du maire de Québec, Jean Pelletier.

« Il n'y a pas un chanteur français qui vient à Québec sans me rendre visite », affirme Max Gros-Louis. Charles Aznavour, Gilbert Bécaud, Joe Dassin, Serge Lama, Line Renaud, Ricet Barrier, le petit Joselito, le célèbre rocker Johnny Hallyday : les murs de la maison de Max Gros-Louis sont tapissés de photos prises en compagnie de ces célébrités.

Max Gros-Louis a marié Joe Dassin. « J'ai eu le pouvoir de marier durant cinq ans, en vertu d'une licence qui est accordée à cet effet, explique-t-il. Mais dans le cas de Dassin, c'était un mariage symbolique à la huronne. » N'importe quel citoyen du Québec peut demander un permis de marier au ministère de la Justice, ce qu'a fait Max Gros-Louis à l'époque. Mais tous les candidats n'obtiendront pas automatiquement ce qu'a obtenu ce dernier. Il y a des étapes à franchir et des critères à respecter.

Max Gros-Louis a gardé la fille de Gilbert Bécaud un mois chez lui, en 1984. « Émily avait 16 ou 17 ans. Elle voulait séjourner au Québec. Gilbert m'a dit : "Je te la confie. Tu en es responsable." C'était assez comique que Gilbert Bécaud demande aux autres d'être responsable ! »

Les artistes populaires du Québec ne ratent pas une occasion non plus de se faire prendre en photo avec le réputé Huron. C'est comme s'il possédait une aura qui les fait se sentir plus importants. En mai 2011, la tournée rétrospective *Le Retour de nos idoles* s'arrête au Colisée de Québec. Max Gros-Louis et Marie Roux assistent au spectacle. Presque tous les artistes québécois à l'affiche s'empressent de se faire photographier avec le Huron : Jean Lapointe, Michel Louvain, Paolo Noël, Claude Dubois, Édith Butler, Chantale Paris, Jenny Rock, Gilles Girard des Classels, Marc Hamilton, etc. Les vedettes populaires européennes qui s'y produisaient en font tout autant : Catherine Lara, Demis Roussos, Herbert Léonard, Hervé Vilard, entre autres.

Les relations de Max Gros-Louis avec les artistes ne se limitent toutefois pas toujours à se faire photographier. Il développe de grandes amitiés avec certains qu'il conti-nue de fréquenter assidûment encore aujourd'hui. Tex Lecor est l'un de ceux-là. Il explique que son amitié avec Max Gros-Louis s'est véritablement soudée autour de leur passion commune pour la forêt, la chasse et la pêche. « J'ai toujours admiré Max Gros-Louis pour son franc-parler et pour sa détermination à ne rien laisser passer qui soit à l'encontre de ses convictions. Il a la parole facile. C'est un chef dans l'âme. J'approuve tout à fait son combat pour les Premières Nations. On leur a volé leur territoire. Et on leur a donné un petit carré. »

Premier jour d'août 1976, cérémonie de clôture des Jeux olympiques de Montréal, dans un stade plein à craquer et devant les téléspectateurs du monde entier. Le corbeau de Wendake monte la garde d'honneur de la très protocolaire remise des drapeaux. Le thème de la cérémonie est un hommage aux Premières Nations du Canada et Oné-Onti a été choisi pour les représenter. Il est vêtu de ses plus chics atours officiels hurons-wendats, incluant le fameux panache de plumes de dindon sauvage, et porte la crosse emblématique de la sagesse amérindienne.

Mai 2008, La Rochelle, en France. Le maire de Québec, Régis Labeaume, parcourt la France pour promouvoir les fêtes du 400ᵉ anniversaire de fondation de sa ville par Samuel de Champlain au cours de l'été qui vient. Lorsque Max Gros-Louis le rejoint à La Rochelle, le maire se plaint du peu d'intérêt des médias et du fait que sa tournée ne lève guère malgré tous ses efforts. « Veux-tu que je te la fasse lever, moi ? » réplique ce dernier du tac au tac.

194   Le lendemain, 8 mai, les quais de La Rochelle sont envahis par des milliers de personnes venues assister au départ des 50 grands voiliers français pour la Grande Traversée de l'Atlantique qui les mènera à Québec. Coiffé de son chapeau à plumes et vêtu de ses plus beaux habits de sortie officielle, Max Gros-Louis se glisse aux côtés du maire de Québec au bras de la gouverneure générale du Canada, Michaëlle Jean. Et il fait fumer le traditionnel calumet de la paix au maire de la ville, Maxime Bono. La scène se retrouve dans tous les journaux et sur tous les écrans de télévision.

Exactement trois ans plus tard, Max Gros-Louis est entouré de Nelson Mandela (Afrique du Sud), Bill Clinton (États-Unis), Alain Juppé (France), Helmut Schmidt (Allemagne), Yasuo Fukuda (Japon), Fernando de la

Rúa (Argentine), Vicente Fox (Mexique), Jean Chrétien (Canada) et de 20 autres anciens chefs d'État du monde entier. Oné-Onti est alors invité à la réception de bienvenue de la 29e rencontre annuelle du Conseil InterAction des anciens chefs d'État et de gouvernement, qui a lieu à Québec. L'ancien premier ministre Jean Chrétien est l'hôte de la cérémonie qui a lieu au Château Frontenac. Le lendemain, Max Gros-Louis est invité à l'ouverture officielle de la réunion, à l'Assemblée nationale. Et il est finalement convié, pour la même occasion, au déjeuner offert par le premier ministre du Québec, Jean Charest.

Aussi petite sa nation huronne-wendate soit-elle, Max Gros-Louis n'en a pas moins le statut officiel d'ancien chef d'État. Chapeau que porte maintenant son successeur Konrad Sioui.

Max Gros-Louis est aussi populaire en France, sinon plus, qu'au Québec. D'où vient cette fascination des Français pour les Indiens d'Amérique en général et pour Max Gros-Louis en particulier ?

« Je crois que l'intérêt des Français pour les cultures autochtones du Québec se rattache à la fois à un goût pour l'exotisme et à une véritable curiosité », explique Hélène Le Gal, la consule générale de France à Québec. « M. Max Gros-Louis, grâce à sa personnalité, incarne ces deux facettes. »

Mais elle estime qu'il y a bien autre chose aussi. Comme le lien qui unit aujourd'hui la France et le Québec, dit-elle, et qui part de celui qui unissait la France aux Autochtones lorsque ce pays a décidé de partir à la conquête de l'Amérique.

« Pour maintenir son empire en Amérique du Nord, rappelle Mme Le Gal, la France a dû compter sur l'appui de nations amérindiennes alliées. Algonquins, Abénaquis, Crïs, Hurons, Montagnais, Ojibwés, etc., ont alors entretenu des relations d'abord fragiles, puis étroites avec notre pays. Ce sont ces alliances qui ont permis à la France de tenir tête à l'Angleterre avant de céder lors de la défaite française des plaines d'Abraham à Québec et de la capitulation de Montréal. »

La consule croit aussi que l'intérêt des Français pour les Autochtones est lié à leur attachement pour le Québec en général, « parce qu'il fait partie de leur culture historique, de leur imaginaire collectif, voire d'une vision idéalisée et romantique du "Nouveau Monde". Intéressés par le Québec et leurs "frères" québécois, poursuit Mme Le Gal, les Français en viennent très vite à s'interroger sur les Autochtones. »

Une compatriote de cette dernière, la Parisienne Pauline Curien, a épousé un Huron en secondes noces. Et le couple habite la réserve de Wendake. La dame a donc pu observer la situation sous toutes ses coutures. « C'est la recherche de la pureté qui explique cet intérêt, dit Mme Curien. On s'imagine que ce qui est "ancien" n'a pas été contaminé par la modernité, la méchanceté, etc. Les bons "sauvages", quoi ! Les psys diraient que c'est la recherche de la vie prénatale, avant tous les pépins de la vraie vie. Mais la réalité dégonfle le mythe. Ce sont les mêmes gens qui diront que les Anglais sont snobs et que les Australiens sont cruels. »

Un journaliste du quotidien français *Le Sud-Ouest*, Jean-Denis Renard, met un bémol sur la popularité du corbeau de Wendake en France. Il y va d'une autre sorte d'analyse. « Ne nous leurrons pas, tempère-t-il. Seuls les gens un tant soit peu intéressés par le Québec ont vent de son parcours. Il demeure un parfait inconnu pour la grande majorité des Français. » Ce ne sont donc pas tous les Français qui se retournent sur le passage de Max Gros-Louis.

Le journaliste de Bordeaux reconnaît par ailleurs que le destin des nations amérindiennes et de leurs leaders a une dimension sentimentale pour les Français. « Je peux me tromper, poursuit-il, mais j'ai l'impression que dans la perception du public un peu averti, les Indiens du Québec (en particulier les Iroquois, il me semble) n'ont pas l'image belliqueuse de leurs "cousins" des États-Unis. On se souvient avoir appris sur les bancs de l'école ou du collège que les Indiens avaient sauvé les premières expéditions en hivernage dans la baie du Saint-Laurent. Les Québécois seraient-ils francophones si les hommes de Cartier s'étaient fait massacrer par les Autochtones ? Quelque part, les Amérindiens participent donc de ce lien entre la France et le Québec.

197

« L'histoire singulière de Max Gros-Louis se fond dans cet *a priori* favorable. De ce côté-ci de l'Atlantique, il incarne le chef qui défend avec détermination, mais sans violence, les intérêts de sa nation. Il n'est ni soumis, ni déshonoré. Il semble porter un projet de société intégrateur, dans le respect des traditions et de l'environnement. Sa dimension personnelle plutôt pittoresque pour un Français ne fait que renforcer ce capital de sympathie », dit M. Renard.

Il en est de même de son rayonnement dans l'Europe francophone. Max Grox-Louis est souvent lui-même le premier surpris des pouvoirs qui lui sont attribués dans certaines conditions extrêmement particulières, voire délicates. Le cas de Philippe Manandise en est une éloquente illustration.

Juillet 1993. Le Belge Philippe Manandise a six ans. Il habite la ville wallonne de Saint-Hubert, dans la province du Luxembourg. Le garçonnet est leucémique. Il est traité depuis un an en oncologie, sans grand résultat. Il ne se nourrit plus et est pratiquement condamné à mort, raconte sa mère Fabienne Janot-Manandise.

« Philippe est blanc, maigre et chauve en raison de la chimiothérapie, dit-elle. Il en a assez des traitements. Il a décidé de se laisser mourir. Un médecin à bout de moyens lui demande ce qui pourrait lui faire plaisir, même dans sa triste condition. « Rencontrer un chef indien du Canada, un vrai, et non pas un Indien de cinéma », répond-il du tac au tac.

Sa mère et son père, Paul Manandise, sont stupéfiés de ce choix. Ils ne comprennent rien à rien. « Notre fils jouait bien aux cowboys et aux Indiens comme tous les enfants de son âge, commente Fabienne Janot. Mais de là à vouloir aller rencontrer un chef indien au Canada... »

Mistral Gagnant, une organisation belge équivalente à la Fondation Rêves d'Enfants au Québec, plonge à fond dans l'aventure. De sorte que la semaine suivante, la petite famille prend l'avion à Bruxelles pour aller passer quatre jours dans un petit hôtel de Québec, aux frais de l'organisation.

« Nous sommes partis la peur au ventre, poursuit la mère. J'en ai encore des frissons 16 ans plus tard, juste à y repenser. Philippe était tellement mal en point que nous avions peur de le voir mourir durant le voyage. »

Le 26 juillet 1993, le jour de la fête religieuse de Sainte-Anne, Max Gros-Louis reçoit chez lui le jeune garçon. « Un regard illuminé anime tout à coup cet enfant très malade, décrit la maman de Philippe. Mon mari et moi tentions de nous cacher parce que nous pleurions d'émotion. » Philippe offre des chocolats belges en cadeau au grand chef huron. En retour, celui-ci donne à l'enfant une raquette à neige autographiée de sa main. Il demande à ce dernier de lui raconter son histoire. Puis, il lui livre la sienne en retour. Il lui raconte des légendes indiennes. Il lui parle de la chasse, de la trappe, de la pêche, de la spiritualité amérindienne.

Max Gros-Louis prie ensuite Philippe de signer le grand livre de la nation huronne. Il lui dit qu'il est désormais un guerrier. Il lui donne un sachet rempli d'une substance protectrice et lui dit : « Garde-le toujours dans ta poche et alors, les Hurons seront à tes côtés. »

Oné-Onti amène alors les trois Belges dans sa boutique de souvenirs. Il fait habiller Philippe en costume d'Indien, mocassins et tout le reste. « Notre fils a dit : "Je suis un grand chef à partir d'aujourd'hui." Ce fut une journée féerique », dit Mme Janot-Manandise. De retour en Belgique, Philippe reprend les traitements de chimiothérapie avec enthousiasme et surmonte sa leucémie. « C'est dans ce sens que Max Gros-Louis l'a sauvé », insiste sa mère.

Philippe Manandise a aujourd'hui 24 ans. Il possède toujours le mystérieux petit sachet huron qu'il n'a jamais osé ouvrir. Il lui est déjà arrivé d'oublier le décalage horaire en téléphonant à son idole pour lui souhaiter Joyeux Noël. Et depuis 10 ans, il a un chien labrador qu'il a baptisé Max.

« Je ne m'attribue aucun pouvoir surnaturel et je n'en ai aucun, dit Max Gros-Louis à propos de ces histoires. Mais si je peux faire un peu de bien autour de moi, tant mieux ! Si vous saviez le nombre de personnes désespérées qui sont venues me voir à la maison... Des gens au bord du suicide, par exemple. »

———

En 1989, la Française Jocelyne Boivin visite Wendake avec des écoliers de la Touraine. Le 21 janvier 1992, elle écrit à Max Gros-Louis pour qu'il la mette en contact avec l'école de Wendake pour un carnaval sur la découverte de l'Amérique qu'elle organise pour la maternelle La Pinède, de Cagnes-sur-Mer en Provence. Ce mot « découverte » fait toujours sourire le Huron. « L'Amérique existait bien avant l'arrivée des Européens », répète-t-il chaque fois. Le 21 octobre 2009, c'est au tour du Breton René Camus, de Hillion, de lui faire une demande semblable.

Mais ça va parfois beaucoup plus loin. Le Français Alexandre Bensadoum écrit un jour une longue lettre à Oné-Onti pour lui dire qu'il est en fait son père adoptif. Ce résidant de Bègles explique qu'il est marié à une Autochtone de l'Argentine et qu'il est très interpellé par la bataille de Max Gros-Louis en faveur des Premières Nations.

Une Marocaine de Casablanca, Alessandra Lefaure-Lydie, lui adresse une carte de vœux des Fêtes en décembre 1989 à l'intérieur de laquelle elle glisse une photo d'elle-même. La dame dans la cinquantaine, élégamment vêtue, pose assise, les jambes savamment croisées pour bien mettre tout son *sex-appeal* en valeur. La Française Odette Grillé, d'Agen, va droit au but. « Il existe bien au Québec un Indien célibataire, veuf ou divorcé, qui accepterait d'être mon ami ! Pourriez-vous le trouver pour moi ? Merci. C'est un S.O.S. d'amitié », écrit-elle dans une lettre datée du 2 janvier 1997. La dame glisse elle aussi sa photo dans l'enveloppe.

En janvier 1993, Renaud Vignal, ambassadeur de France en Roumanie, expédie à Max Gros-Louis une photo de son jeune fils Gaspard. L'enveloppe contient aussi des tracés au crayon de l'une de ses mains et de ses deux pieds, sur une feuille de papier. Max Gros-Louis avait été choisi comme parrain de Gaspard, à sa naissance, alors que son père était consul de France à Québec.

Le courrier que reçoit Max Gros-Louis ne provient pas toujours de loin et est parfois beaucoup plus près de la réalité sociale et économique des Hurons-Wendats. Marcel Sioui, qui a épousé Julienne Chrétien, la sœur de l'ancien premier ministre du Canada, est propriétaire de l'entreprise St. Charles River MFG Reg'd Kabir Kouba Products. Il envoie un jour à Max Gros-Louis la copie d'une lettre de louanges expédiée à un ministre du gouvernement provincial.

« Quand on considère que l'artisanat huron était il y a 15 ans méconnu et ignoré, l'or (sic) de l'élection de 1964, le premier geste de Max Gros-Louis a été d'implanter et de développer chez les Hurons les possibilités économiques. Sans argent et travaillant comme un forcené, il a fondé sa propre boutique, s'est occupé de promotion industrielle et commerciale pour la communauté, a encouragé la fondation de commerce et recruté pour ceux-ci (sic) le capital humain disponible, car il disait toujours "Le bien-être social n'était pas fait pour les possibilités que nous avions", et c'était le moyen de l'éliminer. En un mot, Max Gros-Louis a fait sa part, au Ministère de faire la sienne, pour que justice soit rendue. »

La lettre la plus inattendue, voire la plus stupéfiante qu'il a reçue, lui parvient d'un résidant de Saint-Ferréol-les-Neiges, à 50 km de Québec, qui demande pardon à Max Gros-Louis pour le mal que les Blancs ont fait et font encore aux Amérindiens.

« Je vous demanderais de me pardonner, même si cela a l'air niaiseux, écrit l'homme de 32 ans. Depuis plusieurs années, je n'en reviens pas comment certains Blancs sont cons, moi y compris. Ils sont comme des arbres sans racines. Ils voient, mais ne sentent pas. J'aime mieux chasser une perdrix avec votre âme que de tuer un gros *buck* à leur manière pour le flash.

« Travaillant dans un hôpital psychiatrique, je reçois souvent des Amérindiens de la Côte-Nord que nous tuons à petit feu. Je peux vous dire que je ressens leur peine, leur désarroi, celui du saumon échoué sur la rive et ça me brise le cœur. J'espère qu'un peu de votre sang puisse passer dans mes veines. S'il vous plaît, pourriez-vous me faire savoir si cette lettre vous a fait quelque chose, vous le Huron, le Maître des Lieux? »

Oné-Onti affirme prendre le temps de répondre religieusement à toutes ces lettres quand l'expéditeur fournit son adresse. Et il téléphone si un numéro s'y trouve. Ce qui peut parfois l'enchaîner à sa table de cuisine durant des heures et des heures. C'est sans compter les nombreuses organisations, corporations et autres sociétés publiques ou privées qui font des pieds et des mains pour s'adjoindre sa présence.

Max Gros-Louis ne reçoit pas que des visiteurs d'outre-mer. Les Québécois viennent voir aussi de quoi a l'air ce chef amérindien géant, qui vend des mocassins et des raquettes dans son tipi géant. Steve Derome, par exemple, avait seulement six ans lorsque son père l'a amené rencontrer la légende vivante. Il en parle avec autant d'émerveillement encore aujourd'hui.

« Mon père me sortait certains dimanches pour me faire découvrir des endroits, mais surtout des gens uniques, raconte-t-il. J'étais en âge de croire à tout ce qu'un enfant peut imaginer lorsque j'ai rencontré M. Max Gros-Louis. » Le matin de l'un de ces beaux dimanches, le père de Steve lui dit : « Aujourd'hui, nous allons voir des Indiens au village huron. » Une fois à la boutique d'Oné-Onti, son papa lui présente solennellement le personnage si admiré. « Mon fils, voici monsieur Gros-Louis, Max Gros-Louis. Il est le chef des Hurons. »

« Dans un décor digne des dessins animés que je regarde tous les samedis matin, dit Steve Derome, je m'approche de lui, je lève mon bras pour lui serrer la main. Je devais faire quatre pieds au maximum. Max Gros-Louis me tend sa main, qui devait faire cinq fois la mienne, et dit : "Enchanté mon garçon!" Wow! Merci papa! Je sais maintenant que ça existe un géant. »

Steve Derome se souvient que Max Gros-Louis possédait alors un perroquet qui répétait tout ce qu'il entendait. Ce qui a rendu cette rencontre encore plus magique, dit-il. Non seulement le Huron est-il un géant, mais il a un oiseau qui parle. C'est la totale !

L'oiseau qu'entend le jeune Steve ce jour-là est en fait un merle des Indes. « Il parle beaucoup plus et surtout beaucoup mieux qu'un perroquet, explique Max Gros-Louis. Il ne fait pas que répéter, il peut aussi interpeller. Le mien, baptisé Jerry, donnait un vrai spectacle dans ma boutique. Il sifflait les clientes qui se retournaient alors vers moi. Je leur répondais de chercher ailleurs. Il imitait aussi ma voix et me jouait des tours. Quand des clients demandaient à me voir, il disait : "Le boss est toujours parti en voyage". »

Quand Jerry est mort, les jeunes enfants Gros-Louis l'ont enterré dans une petite boîte, près de la piscine familiale. Ils venaient de perdre un ami qu'ils adoraient.

En 1960, Oné-Onti décide de porter la tresse. « Je l'ai fait pour me différencier, explique Max Gros-Louis. Je suis fier d'être indien. » Il voulait le démontrer. L'effet a été bœuf et l'est toujours. L'octogénaire perd tranquillement ses cheveux. Mais la tresse tient le coup. Toujours avec l'amulette de la tortue, accrochée à son extrémité. Max Gros-Louis porte la même amulette à son cou.

Il porte aussi une bague à l'effigie d'une tortue. Et il affirme ne jamais se départir d'un petit sachet de protection que lui a jadis donné sa grand-mère paternelle, Angéline

Garneau. Il jure qu'il n'a jamais ouvert le petit sac, conformément à la tradition amérindienne. Il imagine cependant qu'elle doit contenir des symboles comme des griffes d'ours et des herbes sacrées.

La tortue est un totem majeur des Amérindiens. Elle est d'abord le symbole de la Terre mère. Les Iroquoiens, dont font partie les Hurons-Wendats, croient que la terre est une île sur le dos d'une tortue. C'est aussi un symbole de prudence et de longévité, certaines espèces dépassant facilement les 100 ans. La démarche lente de la tortue nous rappelle qu'il ne faut pas se précipiter avant de prendre une décision, explique Max Gros-Louis. D'ailleurs, son style fonceur ne l'empêchait pas, paradoxalement, de souvent demander à son entourage d'être patient et d'attendre.

Des gens humbles lui offrent toutes sortes de cadeaux. Sa maison en est pleine. Des artistes lui peignent son portrait. Des notables amérindiens lui transmettent leurs présumés dons, ou lui donnent des talismans. « Un vieux sage de l'Ouest canadien, un Cri ou un Pied Noir, m'a un jour solennellement donné son *kit* de cérémonie, "avec les pouvoirs qui l'accompagnent", m'a-t-il dit. J'étais tellement impressionné que j'ai braillé comme un veau. Et j'ai été un an sans pouvoir ouvrir la boîte. »

En décembre 2011, il reçoit une mystérieuse boîte de carton de l'Oklahoma, aux États-Unis. Elle contient des vêtements et des décorations militaires, ainsi que certains documents comme des cartes de membre délivrées par certaines organisations. L'une d'entre elles est le fameux document d'attestation du statut d'Indien. Il a été émis à Frank « Sitting Bull » Chevalier, ancien journaliste à l'hebdomadaire anglophone de Québec, *The Chronicle Telegraph*. Une lettre dans la boîte explique que l'homme vient de mourir et que dans ses dernières volontés, il a demandé à ce que son contenu soit envoyé à Max Gros-Louis. « Pourquoi ? Je ne sais trop, murmure ce dernier. Je reçois continuellement toutes sortes de choses surprenantes. »

———————

Plusieurs reprochent à Max Gros-Louis d'avoir joué à outrance la carte folklorique. Même s'il ne porte pas toujours son couvre-chef de plumes, il sort rarement sans être coiffé de son grand chapeau de feutre noir.

Ses ennemis l'accusent d'être ostentatoire et « quétaine ». Max Gros-Louis fait partie d'une « vieille garde qui n'a jamais voulu se tasser » et qui n'a pas encore compris que « les plumes, les tam-tams, les Nordiques et Badaboum, c'est dépassé, fini ! » tempête le grand chef actuel des Hurons-Wendats, Konrad Sioui, dans une entrevue à *La Presse* publiée le 12 décembre 1991.

« Les Sioui surnommaient Max "Monsieur Quaker" pour se moquer de son chapeau », se souvient son frère Bruno. Son grand chapeau noir n'échappe à personne. La comparaison fait plutôt sourire Max Gros-Louis.

La défunte mère de Konrad, Éléonore Sioui, lui a reproché d'avoir donné un côté trop folklorique au poste de grand chef. « On ne peut pas retourner en arrière, déclare-t-elle un jour publiquement, maintenant que nous avons mis en place une nouvelle organisation financière, monté un centre d'archives et une bibliothèque légale. Tous des moyens modernes de travailler. »

Et son fils Mario, qui a rompu avec son père il y a 25 ans, en remet. « Les fameux chapeaux à plumes, c'est du folklore, il faut passer à autre chose, peut-on lire dans *La Presse* du 24 janvier 1992. Notre véritable chapeau n'est orné que d'une plume. Oui, je veux bien apprendre la langue huronne, mais je vais la parler avec qui ? C'est avec les Québécois que je vis. » C'est drôle que Mario tienne ces propos alors qu'il « joue la carte folklorique à fond dans son village touristique ! » s'insurge Marie Roux. Sur la page d'ouverture du site Internet du village Onhoüa Chetek8e, apparaît un Indien coiffé du fameux panache de plumes de dindon.

Max Gros-Louis retourne ces critiques contre ses ennemis. « Tout ce monde habillé en cravate, ce n'est pas du folklore, ça, monsieur ? » Konrad Sioui s'habille justement en veston-cravate... Son ancien chef de cabinet Luc Lainé défend fermement la façon de se vêtir de Max Gros-Louis. « Il est un homme différent qui s'habille différemment, dit-il. Ce qui ne conviendrait pas à d'autres lui convient parfaitement. Je trouve que ce qu'il porte lui convient parfaitement. Dans une soirée qui prévoit le smoking pour les invités, il va se présenter comme toujours avec ses atours indiens et tout le monde va trouver cela correct. »

Ghislain Picard dit comprendre très bien Max Gros-Louis d'avoir joué la carte de l'accoutrement. « On fait avec ce qu'on a, explique-t-il. On ne peut pas transposer Wendake dans un village... La langue huronne est disparue. Et quand une référence identitaire comme celle-là disparaît, il faut que tu t'en trouves d'autres. Dans une communauté isolée qui parle sa langue, tu ne vois pas nécessairement le danger qui menace. Tandis qu'en entrant, par exemple, dans l'Hôtel-Musée de Wendake, on voit que ses concepteurs ont voulu le faire sentir, ce danger. La façon de Max de se représenter a joué un rôle dans l'affirmation de cette identité. » Ghislain Picard émet cependant des réserves à propos du folklore. « Max est peut-être allé trop loin dans le cas du tam-tam au Colisée, dit-il. L'expérience m'a appris que le tam-tam est un instrument dont l'usage constitue un rituel spirituel. » En jouer à tout propos lui paraît déplacé.

Max Gros-Louis ne passerait guère plus inaperçu nu-tête et en coupe-vent moderne, conviennent tous ses proches. À cause de la tresse, bien sûr. Mais à cause aussi de sa stature, de sa notoriété et de son amour fou du public.

Pour Luc Lainé, Max Gros-Louis est comme « un éléphant dans un corridor ». Comment ne pas le voir ? « Il est un géant de soie qui va s'arrêter parler longuement à un gamin qui l'a reconnu, au moment où il devrait plutôt s'atteler à des tâches urgentes. »

« Je me souviens que j'entendais déjà parler de Max Gros-Louis dans la maison familiale alors que j'avais seulement cinq ans », raconte Michel Picard. Son père Ludger disait que Max se lancerait inévitablement en politique. Il était déjà un sujet de discussion dans la réserve.

« Max avait alors 20 ans, ajoute Michel Picard. Il avait les cheveux qui lui descendaient jusque dans le dos, comme personne d'autre dans la place. Quand il entrait dans l'église, ça faisait son effet. »

Sa fille Isa dit avoir toujours compris que son père appartenait au public, d'une certaine façon. « Il n'était jamais à nous seuls, dit-elle. Dès que nous sortions en public, des gens inconnus venaient le saluer. Je ne peux me souvenir d'une sortie au restaurant sans que quelqu'un vienne le saluer à notre table. »

Ses apparitions publiques donnent parfois lieu aux situations les plus imprévisibles et prennent souvent des proportions énormes. « Quand je visitais les campements cris dans le Nord québécois, raconte Oné-Onti, les gens accouraient vers moi et me baisaient les mains. Dès que je me retrouve dans un lieu public, des inconnus viennent me parler. » Et des gens connus également, à plus forte raison.

———

Le 29 novembre 2011, il revient à Québec après être allé passer trois semaines avec sa conjointe dans leur maison en bois rond de Wilwood, en Alberta. Son fils Kino attend le couple à l'aéroport pour le ramener à la maison. Lorsque Max Gros-Louis sort de la zone de sécurité, il se dirige tout droit vers un groupe de religieuses venues accueillir un collègue missionnaire au Pérou. Il les embrasse une à une. Il leur fait la conversation. Il envoie ensuite la main à tout le monde qu'il croise pendant que sa conjointe traîne ses bagages derrière, comme si elle était toute seule. Elle soupire et laisse tomber : « C'est toujours comme ça. Je n'y peux rien. »

Luc Lainé accompagnait souvent son patron à l'Assemblée nationale du Québec. Le midi, les deux hommes se rendent manger tout près, dans des restaurants courus de la Grande Allée. Il veut alors en profiter pour parler stratégie avec Max Gros-Louis, pour approfondir les dossiers. « Je tentais, par exemple, de le préparer à une conférence de presse, raconte-t-il. Mais il jasait avec tout le monde dans le restaurant. "Tiens, regarde, c'est le juge Untel ! Le sous-ministre Untel !" » De sorte que les deux hommes repartaient du restaurant à peu près au même point qu'à leur arrivée.

Luc Lainé confie que Max Gros-Louis lui fait un peu penser à la comédienne Rose Ouellette, alias La Poune, qui répétait sans cesse: « J'aime mon public et mon public m'aime ».

« Papa n'a jamais été *show off*, dit sa fille Line, mais il aime les honneurs, il aime être en avant. Il a de la misère avec l'ombre. » Sa sœur Isa affirme pour sa part: « Mon père est toujours resté simple et approchable, une de ses grandes qualités. Il n'a jamais joué à la vedette. »

À 15 ans, Oné-Onti est décoré de la médaille des cadets de l'armée canadienne. Les honneurs n'ont jamais cessé depuis. Il devient notamment le premier Amérindien décoré en France. En 1986, il est nommé académicien diplomatique de la paix par l'Organisation mondiale de la presse diplomatique. En 1989, il reçoit la médaille d'or du Mérite et du dévouement français. Deux ans plus tard, il est reçu chevalier de l'Ordre national du Mérite de France par son président François Mitterrand.

Il fait la page couverture du magazine *Paris Match* en compagnie du chanteur québécois Roch Voisine, le 3 février

1991. En 1992, il est invité d'honneur pour le lancement, à La Flèche en France, des Fêtes du 350ᵉ anniversaire du départ des fondateurs de Montréal. En 2008, il est président d'honneur du premier Festival des Cultures d'Amérique de Hyères-Les Palmiers, en France. En 2011, il est décoré de l'Ordre national du Québec par le premier ministre Jean Charest.

L'utilité de la reconnaissance et des honneurs, selon Max Gros-Louis, est de « donner du pouvoir », celui d'influencer et de convaincre.

CHAPITRE X

LE COLLECTIONNEUR

EN MARS 2010, ONÉ-ONTI APPARAÎT DANS
UNE PUBLICITÉ TÉLÉVISÉE DE LA CHAÎNE
DE RESTAURANTS LES RÔTISSERIES ST-HUBERT
OÙ, APRÈS UNE RANDONNÉE EN CANOT
AVEC SON PETIT-FILS, IL COMMANDE DEUX POITRINES DE
POULET PAR TÉLÉPHONE PORTABLE,
AVEC UN LAC EN FOND DE SCÈNE.

CETTE PUBLICITÉ FAIT PARTIE d'une série de capsules dans lesquelles St-Hubert utilise des personnalités connues pour faire sa promotion, en retour d'un cachet qui doit être automatiquement remis à une bonne œuvre.

Max Gros-Louis dit se sentir très à l'aise de « vanter » St-Hubert, car il va manger avec sa conjointe chaque jeudi soir depuis 31 ans dans un des restaurants de la chaîne. Mieux que ça, lance-t-il, « j'ai commencé à manger chez St-Hubert lors de l'ouverture du premier restaurant par Hélène et René Léger, en 1951, sur la rue Saint-Hubert à Montréal ! »

Dans la pub en question, il dit remettre son cachet de 20 000 $ au Musée Max Gros-Louis, ce qui soulève l'ire du grand chef actuel de Wendake. « Le Musée Max-Gros-Louis n'existe pas, proteste Konrad Sioui dans les médias. Dans le fond, Max prend l'argent et met ça dans ses poches parce qu'il veut se construire un musée à lui. C'est peut-être là que ça crée de l'incompréhension de la part des gens au village de Wendake et du public en général, il y a confusion. »

Max Gros-Louis réplique qu'il ne s'attend pas à autre chose de Konrad Sioui à son endroit. Si le musée n'existe toujours pas, comme le reconnaît totalement ce dernier, il est toutefois inscrit au Registraire des entreprises du Québec depuis octobre 2003, en son nom en même temps qu'en celui de ses deux filles, Line et Isa, et le cachet de 20 000$ a été déposé en fiducie. Et Oné-Onti répète qu'il projette toujours de l'ouvrir un jour. Quant à ceux qui lui reprochent de manger du poulet BBQ ou de la pizza parce que ça ne fait pas très amérindien, il leur demande s'il faut être chinois pour manger des mets chinois !

214

Il voudrait bâtir son musée sur un terrain situé près du gîte touristique de sa fille Line, chef de famille au Conseil de bande de Wendake. Mais le grand chef Konrad Sioui refuse d'effectuer le dézonage nécessaire à ce projet, se plaint Oné-Onti.

« Mais au fond, dit-il, il existe déjà ce musée. C'est seulement qu'il est dans ma maison privée, et que je ne peux pas continuer indéfiniment, comme ça, à y accueillir monsieur et madame Tout-le-monde. Je veux l'ouvrir ailleurs pour le perpétuer et pour protéger ma maison. »

Cette maison-musée est située à une intersection du Vieux-Wendake, dans une propriété vieille de 50 ans et dont l'extérieur ressemble à n'importe quelle maison d'un vieux quartier de banlieue, à la différence que la piscine creusée est en avant, du côté de la rue, protégée par une haute clôture de bois qui ressemble à une palissade.

215

Cette maison-musée est un bâtiment carré à étage, recouvert de déclin d'aluminium blanc. Sur le côté gauche de la maison, derrière le garage double, se trouve un terrain gazonné où se dresse toujours le grand tipi de bois brun. Mais il sert désormais de bureau à l'un des gestionnaires au service de son fils Mario.

La ressemblance de la maison de Max Gros-Louis avec d'autres demeures s'arrête vraiment à l'extérieur. Elle cache à l'intérieur une surprenante courtepointe de collections.

Ses deux paliers et son sous-sol abritent un assortiment de calumets, de talismans et d'artisanat amérindien, une galerie de peintures, une bibliothèque de plusieurs

milliers de livres, des murs de photos souvenirs et d'archives politiques, mondaines, historiques ou familiales, une
collection de tam-tams et de bâtons de hockey autogra-
phiés et les reliques de presque tous les animaux, oiseaux,
poissons et reptiles du Canada, naturalisés en entier dans
certains cas. Toutes ces attractions animalières, sauf deux,
proviennent de proies que Max Gros-Louis a tuées lui-
même, affirme-t-il avec fierté. Les deux exceptions sont
la peau d'un ours blanc et le crâne d'un morse qui lui ont
été offerts en cadeau.

La passion de collectionneur de ce dernier remonte aussi
loin qu'à son enfance et comprend aussi des chapeaux de
feutre, la plupart du temps rapportés des États-Unis, des
timbres, des pièces de monnaie, des parchemins et des
médailles dont il a été honoré ou décoré. « Les timbres
me font faire le tour du monde, explique-t-il. Par exemple,
ceux de l'Afrique sont illustrés de toutes sortes d'animaux
et d'oiseaux sauvages typiques de ce continent. » Et il possède quelques devises monétaires qu'il estime assez rares,
dont certaines de la Suisse, pays des banques.

Son projet de musée personnel ne l'a pas empêché de prêter entre-temps plusieurs jolies pièces de sa collection
privée à l'Hôtel-Musée Premières Nations de Wendake.

Quand il est chez lui, Max Gros-Louis passe une grande
partie de ses journées assis à sa table de cuisine devenue
son second bureau. L'autre, l'officiel, s'est tranquillement
transformé en une sorte de centre de documentation
embourbé de fond en comble.

Cette cuisine est bien la seule au monde dont les murs
exhibent à la fois les photos de neuf petits-enfants, de huit

arrière-petits-enfants et de deux arrière-arrière-petits-enfants; un énorme panache de caribou; une grande tapisserie montrant une scène de chasse amérindienne; une gravure géante du grand chef iroquoien Donnacona, dont l'histoire raconte qu'il a été enlevé par Jacques Cartier en 1536 pour être amené en France avec neuf autres Amérindiens qui n'en seraient jamais revenus; des multiples porte-bonheur et amulettes; des photos de célébrités mondiales à ses côtés; des parchemins historiques; des décorations politiques et culturelles; des certificats honorifiques, etc.

Le Musée Max Gros-Louis existe. Et son conservateur en constitue la plus grande attraction.

LE GRAND MANITOU

Max Gros-Louis fait chaque jour le mot caché de son journal quotidien après l'avoir parcouru de la première à la dernière page. Et sans lunettes, précise-t-il. Pour être sûr de ne pas en manquer, il achète des cahiers complets de mots cachés. Il gère méticuleusement son agenda et son courrier. Et il tient toujours son téléphone dans sa main parce que celui-ci sonne continuellement. « Maudit téléphone ! » s'exclame-t-il paradoxalement.

« Max a un amour fou du téléphone, raconte son ancien chef de cabinet Luc Lainé. En réunion, par exemple, on demandait à la secrétaire de prendre ses messages. Mais il tendait l'oreille dès que le téléphone sonnait et il demandait si c'était pour lui. Et il pouvait aller écouter longuement une dame raconter un rêve étrange qu'elle lui demandait d'interpréter. » Il passe des heures à parler ainsi avec un peu tout le monde.

La chaise qu'il a choisie à sa table de cuisine lui permet de garder l'œil sur un certain va-et-vient de la réserve. Il y jouit d'une vue sur le stationnement et l'entrée du bureau de poste local, où circule tout un chacun. « Tiens, mon frère Bruno, mon barbier ! Tiens, Mme Chose ! » S'il a besoin de parler à la personne, il ouvre la porte et l'interpelle, presque sur le ton de la convocation.

Mais souvent, la même porte s'ouvre de l'extérieur : sa cuisine est une sorte de maison ouverte où défilent voisins, parents et amis, parfois sur rendez-vous mais souvent à l'avenant. Il arrive aussi que ce soient des touristes venus de très loin. Certains étaient déjà venus à la boutique et reviennent le saluer à la maison. D'autres sont parvenus à retracer son adresse et se font un honneur de venir lui serrer la pince.

Il aime beaucoup flâner avec son fils Kino qui habite à deux pas, soit dans son garage soit chez celui-ci. Ils parlent de forêt, de construction, de mécanique, de sport, de tout et de rien. Ce fils qui lui a causé tant de soucis jadis est devenu aujourd'hui son fidèle voisin et compagnon. Kino est le seul des trois garçons de Max Gros-Louis avec lequel il peut avoir une « relation d'hommes ». Alain est parti géographiquement et Mario est parti affectivement.

220 Max Gros-Louis possède un esprit taquin fort bien aiguisé, ce qui explique peut-être une grande partie de son charisme. Il n'entre jamais en contact de manière simple ou formelle. Il interpelle toujours l'autre par une taquinerie ou par un surnom qu'il a souvent inventé. Et les autres le lui rendent bien : son ancien adversaire politique Raymond Picard, devenu un bon ami, l'appelle par exemple « M. Latreuil ». « Ne me demandez pas pourquoi ! » s'exclame Oné-Onti. Au téléphone, il changera sa voix pour intriguer son interlocuteur, sinon pour le faire rire. Ou il lui donnera du galon à coups de superlatifs. Pour lui, la vie est trop courte pour être petite...

Max Gros-Louis a eu ses difficultés, ses misères et ses déceptions. Mais il s'est toujours résolu à bien camper son image de chef, de puissance, d'homme qui sait transcender le quotidien, bref de grand manitou. Il entretient par exemple un rapport très particulier avec les larmes et la colère.

« Pleurer, dit-il, est souvent l'expression d'un sentiment égoïste. Par exemple, nous pleurons la mort des parents parce que nous perdons quelque chose. On ne devrait pas pleurer pour ça. Mais, par contre, il ne faut pas avoir peur de pleurer. Il m'est même arrivé, un jour que ça bardassait pas mal, de rassurer un ministre des Affaires indiennes qui avait tout à coup commencé à pleurer devant une centaine de personnes. Il s'était ensuite mis à s'excuser, à s'excuser et à s'excuser. Je lui avais alors dit : "C'est humain de pleurer, monsieur le ministre." J'ai appris après coup que la première blonde du ministre avait été une Amérindienne avec laquelle les choses s'étaient mal passées. L'émotion était remontée ce jour-là. Cet incident-là m'avait touché. »

— Et vous, quel genre d'émotion vous a déjà fait pleurer ?

« Je me souviens d'une fois où j'étais fâché et que j'avais les larmes aux yeux. On venait de gagner notre procès qui permettait à certaines femmes de retrouver leur statut d'Indienne. Un journaliste de la télévision était venu nous dire : "Vous allez encore ramasser un paquet d'argent avec ça !" J'étais assez en maudit que j'en braillais. Même que je lui ai défendu de revenir sur la réserve et que j'ai appelé son *boss* pour lui dire que je voulais plus voir son journaliste. »

_____

À 81 ans, Max Gros-Louis continue de voyager beaucoup pour son plaisir, pour des activités mondaines et pour des engagements professionnels.

Il prononce une vingtaine de conférences par année — gratuitement dans les écoles. « Pour les autres, le prix dépend de leurs moyens », précise-t-il.

Et il continue toujours d'inviter ses auditeurs à visiter Wendake, avant d'ajouter ceci : « Vous pouvez en profiter pour visiter Québec aussi, c'est juste à côté... »

Le 19 juin 2012, tout juste trois mois avant la parution de ce livre, le grand manitou a frôlé la mort. Au cours d'un voyage de pêche au saumon à Natashquan, un rituel annuel qu'il partage avec les mêmes neuf vieux amis depuis de nombreuses années, il a été frappé d'une violente pneumonie qui aurait pu le terrasser, si deux de ses camarades d'excursion n'avaient pas été médecins.

D'abord transporté à l'hôpital de Havre-Saint-Pierre, Oné-Onti a été conduit en automobile à l'Hôtel-Dieu de Québec, le lendemain, une randonnée de presque 12 heures. L'avion n'aurait pas été plus commode, en raison de nombreuses escales. Il a été hospitalisé durant huit jours avant de pouvoir retourner chez lui, où Mme Roux et le service médical de la réserve lui prodiguent leurs soins.

Et le 6 août, il a atteint les 81 ans...